コミュニケーションの
《技術》をマスターして、
あなたのサロンが
もっとHappyになる本

もう、"人"で悩まない！

Sayaka Okuzono
奥園清香

女性モード社

はじめに

　私はもともと、愛知県教育委員会で心理カウンセラーとして教職員、保護者、子どもに対してのカウンセリングや講演活動を行なっていました。
　児童心理を専門としている私は当時１年間を通して、自分の担当地域の小中学校を巡回・訪問し、教育現場の実態調査をしながら講演活動・カウンセリング業務をしておりました。
　その業務の一環として、学校の先生方へ教育現場で活用できる心理学セミナーやPTAの方へ子どもの心理や育て方についてなど、多くの講演会を行なっていました。

　ある日、訪問した学校でPTAの方々への講演会を行なった際、美容業界で美容師さんの教育を担当されている方が「保護者」の立場で私の講演を聞いてくださっていました。その方が講演が終わると私にお声を掛けてくださいました。
「最初は父親として話を聴いていたけれど、先生の講演が進むうちに、自分の業界に通じるものを感じた。先生は美容業界や、美容師さんに必要なことをお話しされている。今、話している内容をそのまま、美容院で美容師さんに話してもらえないか？」とお話ししてくださったのです。
　私は大変驚きましたが、その方の熱意に打たれて、講演することを決めました。このお声掛けが、私がこの美容業界で講演、研修活動を行なうキッカケとなったのです。
　それまで縁のなかった美容の世界で活動を始めた当初は、現在のように美容師の皆さんと深い関わりを持っていたわけではなく自分が話せることをお伝えしているという"依頼があるから講師をする"心理カウンセラーでした。

　当時は心理カウンセラーとしての対面での相談活動と同時に、教育委員会からの仕事や福祉・専門学校・一般企業での講師など

分野はさまざまで、私にとって「講師のご依頼をいただければ、お受けする」という、その中の1つに美容業界の講師があるという意識で講師をしていました。
　ところが、講師活動は増え続け、仕事量がどんどん増えていき、自分の許容範囲以上の仕事を受けている自分に気づかないまま、突き進んでいった結果、2007年の夏にとうとう体調を崩し倒れてしまいました。
　私自身の自己管理不足の結果でした。
　教育に関わる仕事をさせていただいていると、年度ごとに教育のプログラムが開始されることが多く夏に体調を崩した私は、まだ年間教育の前半が過ぎただけの地点で倒れてしまったので仕事をご依頼いただいていた企業・団体・学校等の教育担当の方や、教育委員会にも治療・療養のため仕事が続けられないことを伝えました。
　皆さん、当たり前に「お大事にしてください」という言葉と同時に「次の教育担当者の講師を依頼する」旨を伝えてくださいました。それが当たり前のことだと思います。
　私が行なうはずだった講義を他の講師に依頼し直すことや年間の教育スケジュールを変えなくてはいけない企業様もあり大変な迷惑をおかけしたことを反省し、心が痛みました。
　ところが、同じように美容関連企業の方や美容院の経営者の方々へ「体調を崩したので治療に専念したい」とお伝えしたら、私が思ってもいないお言葉をいただいたのです。
「自分たちは、奥園先生をよいと思って教育を依頼したので、奥園先生が治療に入るなら先生が治るまで一旦教育はストップします。治ったら、必ず連絡して欲しい。お待ちしていますので、必ず戻ってきてくださいね」と言われたのです。まさか、そんなお言葉をいただけるとは思っていなかったので、本当に驚き、感謝の気持ちで感動し涙があふれました。
　その後、治療に専念し入退院を繰り返し自宅療養しているときも、ずっと「早く美容業界に戻りたい。必ず恩返しをしたい」と

思っていました。

　美容業界の皆様は私に「1日でも早く、講師の現場に戻りたい」という気力を与えてくれたのです。あの言葉をもらっていなかったら、あるいは戻る場所がなかったら、私は病気に負けていたかもしれません。「待っていてくれる人がいる」ということが、どれだけ闘病中の私の心の支えになったか…。

　その闘病中に、今までは自分の持っている知識や技術を伝えるに過ぎなかった美容業界でのセミナーを見直し、復帰したときにもっと業界のことを理解している自分になりたいと、病床で美容に関する本を読み美容業界を深く知る努力をして、さらなる恩返しができる自分になりたいと強く思ったのです。

　美容業界の方々の心の支えがあって思っていたよりも早い復帰を遂げ、約1年後、体調が回復したとき美容業界にかける想いは、私の中でとても強くなっていました。
「次は、私が美容業界の皆さん、美容師さんの支えになりたい」と決意して、リスタートしたのです。

　そこからの10年は、闘病中の支えになってくださった美容関連企業、理・美容院への講師活動を中心に仕事の引き受け方を変えて美容業界で私を支え応援して下さる方々と今の自分の根底をつくり上げていきました。

　美容業界で「本気でやる」と決意してから、さらなる出逢いがあり皆様にご縁から、またご縁をつないでいただいて、どんどん美容師さんの魅力に引き込まれていきました。気づいたら大好きな美容師さんの前で毎年数多くの講演活動をさせていただき現在に至ります。

　そして、もう1つ私がこの美容業界に深くご縁とご恩を感じていることがあります。

　私の伯母は美容師で、80歳で亡くなるまで美容師であり続ける姿を私に見せてくれました。伯母は、私の父と20歳以上も歳が離れており子どもに恵まれなかったので私のことを本当の孫のよう

に可愛がってくれて、たくさんの愛情を注いでくれました。
　その伯母は、私が教育委員会から独立し名古屋の中心地に事務所を設立したとき、私に理由も何も聞かず設立費用をサポートしてくれました。
　設立費用は、伯母が愛した美容の仕事でつくった貯金でした。
　それを私に託してくれたことが、私の原点にはあるのです。
　当時は気づかなかったのですが、伯母が亡くなった後、遺品を整理していたら、伯母が大事に大事にしまっていた美容学校の卒業証書、美容師試験合格書、美容師免許書が出てきました。今、私のオフィスの壁には3枚の証書を額に入れ、飾っています。私は伯母からも、美容業界に関わる道に進むよう、光をもらっていたのだと運命を感じています。

　美容業界の方からの温かい言葉によって、療養中に必ずまた現場に戻ると奮起できたご恩と、伯母が一生懸命に生きた美容業界から与えていただいたご恩を返したい。この気持ちが、私の美容師さんに対する情熱の根本で原動力になっています。
　この本は、私が美容師さんに伝え続けてきた心理カウンセラーとしての技術、そして心理学に基づいた独自の視点で、皆様の明日からのサロンワークに活かしていただきたい、皆様のお役に立ちたいと思いまとめました。
　美容業に関わる皆様の毎日の中で、スタッフ間のコミュニケーション、お客さまとのコミュニケーション、そしてプライベートでも活用していただき、皆様が「支持され、選ばれ、求められる」豊かな美容人生に活かしていただければ幸いに思っています。

目次

002 はじめに

008 「3つの能力」について

013 サロン内コミュニケーションを向上させるQ&A

- 014 教えるのが苦手
- 024 叱り方が分からない
- 032 スタッフが長続きしない
- 042 スタッフがなかなか育たない

053 コミュニケーションスキルをアップさせるトレーニング

- 054 モテる印象の美容師、モテない印象の美容師
- 056 緊張を溶かす技術
- 058 笑顔のトレーニング
- 060 準備とルーティン
- 064 「声」の大切さ
- 068 誉める技術
- 072 誉める＝感謝
- 076 言葉で表現する力
- 080 相手の心地よいツボを探す
- 084 優秀な経営者や美容師に共通する能力
- 087 第一印象の重要性
- 093 どういう印象の美容師になりたいのか
- 096 空気を読まない人が増えた!?
- 100 お客さまの心を充電する
- 106 クレームへの対応も心ひとつで変わる
- 110 面談やミーティングでの注意点
- 116 共有する体験

120　本物のカウンセリング力をつける方法

- 122　カウンセリング前の土台づくり
- 127　カウンセリングとコーチングの違い
- 130　自己肯定感を育てるスタッフ育成
- 138　来店動機と悩みを聴く
- 142　美容師の専門用語を使わない
- 148　お客さまは何を大切にしているか
- 154　リピート率が上がらないのは
- 161　恐怖と利益
- 166　モノには記憶がある

172　番外編　疲れた自分を癒す方法

180　美容師のメンタルケアを業界向上の手がかりに

196　おわりに

198　参考文献一覧

200　著者紹介

「3つの能力」について
～イントロダクションに代えて～

　美容師の皆さんを対象とした講演やセミナーでお話しさせていただく際に私が心理カウンセラーとして一貫して伝え続けていることがあります。それは
『美容師さんが必ず持っていなくてはならない3つの能力』
です。

　　3つの能力とは
　①技術
　②センス
　③コミュニケーション能力

　選ばれる美容師さんにはこの3つの能力が三位一体となっている方が多いのです。

① 絶対なる美容の技術
② 磨かれたセンス
③ コミュニケーション能力

　①と②は、皆さんが日々切磋琢磨して、努力している大切な部分だと思います。
　③が、本書で一番伝えたい部分です。
このコミュニケーション能力は、実は「技術」なのです。
コミュニケーション能力は「センス」でも「生まれつ

き持っているもの」でも、「素質」でもありません。
　コミュニケーションは「技術」ですから美容師さんがカットやカラーの技術、シャンプーの練習をしてトレーニングを積み習得したものと同じようにコミュニケーション能力を高める練習「トレーニング」を積めば、必ず「技術としてのコミュニケーション能力」を手に入れることができるのです。
　なぜ「技術」だと私が言い切れるかというと心理カウンセラーはコミュニケーションを「技術」として学び、習得するからです。
　心理学に基づき学んだ技術を駆使して悩みを持つクライエントさんの相談に耳を傾け、共に答えを見つけ出すのです。

　やり続ける——技術習得のためには、これが一番大切です。
　今まで、「人見知りをする性格だから、お客さまとうまく話せない」「初対面の人だと緊張する」「年上のお客さまは苦手…」など、コミュニケーションの上手・下手が、まるで変えられない能力のように思い込んでいる美容師の方たちに多く出会ってきました。
　美容師さんが人と関わるのが苦手というのは、心理的にはとても理解できることです。
「髪の毛を触ることが好き」「作品を創ることが好き」「美を追求したい」といった感情は、どちらかというと芸術

的思考に近く内向的な要素が強いものです。相手に対する興味より自分に対しての興味や気持ちが強い傾向は、本来は**「内向型タイプ」**の職種に近いものだと考えられます。

　ただ、それでは、人と関わる仕事である美容師、お客さまに選ばれる美容師としてトップスタイリストになり多くのお客さまに支持されることや、リーダーシップやマネジメント能力が必要な店長、マネージャーという役割を務めスタッフをまとめたり経営者として組織を大きくすることはできないかもしれません。

　私がセミナーやサロン教育を行なっている中で、コミュニケーションの技術をお伝えすることで、美容師さんに**コミュニケーションは「技術」である**と理解していただく機会が増えました。「コミュニケーション能力が低かったのは、トレーニングをしていなかったからで、自分の能力が低いわけではないことが分かった」「コミュニケーション技術を知って楽になった」などの感想やご意見をたくさんの美容師さんからいただきます。

　これは心理カウンセラーとして、コミュニケーションの技術を伝え続けている上で、とても嬉しく幸せなことです。

　コミュニケーション能力は**「技術」**で誰にでも習得できる。コミュニケーション技術を手に入れたら、極端なことを言うと、本来の自分は「人見知り」のままでもいいのです。

「美容師の〇〇さん」である自分は、コミュニケーション能力を技術として習得しているんだ！と自信がついていけば、必ず、どんなお客さまとも向き合うことができます。

　そして職場での人間関係で、たとえ苦手な人がいても、向き合い、関わり合うことができるようになります。

　自分自身の中にある**「本来の自分」「人見知りの自分」「プライベートの自分」**は、合わない人とは付き合わなくていい。むしろ、そんなに多くの人と付き合っていく必要はなく、大切な人との深い人間関係を大切にしていったほうが豊かな人生を歩めると、私自身は思っています。

　心理カウンセラーの私が、コミュニケーション能力の技術をお伝えすることで、皆さんの明日からのサロンワーク、そして人生を**「より豊か」**に**「楽」**に**「幸せ」**にできるお手伝いをしたいと心から思っています。

　コミュニケーション能力は技術です。学び、練習し、トレーニングを積めば必ず習得できる能力なのです。その技術を、本書でお伝えします。

スタッフ・同僚・部下・後輩

サロン内コミュニケーションを向上させるためのQ&A

サロン内の人間関係やチームワーク、
スタッフとのコミュニケーションは、
人が育つかどうか、お店が繁盛するかどうかの
大きな分かれ目になります。
ここでは、サロン内でのコミュニケーションで
多く見受けられる美容師の皆様の悩みを
Q&A方式で解決していきます。

教えるのが苦手。
自分でやってしまった方が
早いと感じる。
でも、このままでは
絶対に良くない…
どうすればいい?

私がアシスタントだった頃は、
先生や先輩から「観て学べ」と言われて育ってきました。
丁寧に教えてもらった経験がないので、
部下や後輩を持つ身になった今、人に教える方法がよく分かりません。
むしろ、忙しい中で教える手間が面倒で、
自分でやった方が早い気がして、つい自分でやってしまいます。
これではいけない、と思いながらも改善できないのですが、
どうしたらいいですか?

(Aさん・30代・トップスタイリスト)

ANSWER

まず始めに、
5つのポイントを紹介します。
考え方と指導の方法をお伝えします。

POINT 1 　あなたの時代とは違う教育を受けてきた
"新世代" が社会に出てきたことを理解する

POINT 2 　「私の時代はこうやって教えてもらったのに…」
という固定概念や発想を捨てる

POINT 3 　このまま自分で仕事を抱え続けると、
この先、仕事量・業務量が増え続けて、
あなた自身がパンクすることを知る

POINT 4 　あなた自身、これまでにいろいろなことを
乗り越えて仕事ができるようになり、
今の自分があることを承認して受け止める

POINT 5 　後輩を信頼する
信じきる。信じて待ち続ける

POINT 1

**あなたの時代とは違う教育を受けてきた
"新世代"が社会に出てきたことを理解する**

　新世代の方々は、"与えられることが当たり前の時代"に育ってきました。常に周囲と競争し周りと比較される**「結果主義」**よりも結果に至るまでの過程である**「プロセス」**を重視した教育を受けてきました。

　ですから、先輩であるAさんがスタッフに対して**「君は気づかなかった」「昨日、教えたことができていない」**といった『結果』で話をすると、後輩は否定されたような気持ちになり、モチベーションが下がってしまいます。

　Aさんの望ましい行動は、しっかりと後輩の"できていること"に目を向けることです。
「ここまではできるようになった。けれど、もう少し、こういうところまで目を向けてくれると、(私は)すごく助かるんだよね」と、教える側の気持ちや感情を伝えるようにし同時に『プロセス』を誉めて成長してもらうことが大切なんです。

　後輩に教える手間が面倒、**「もう頼まない自分でやる」**――では、いつまで経っても人が育ちません。考え方をシフトして、相手が**「できていないこと」**よりも**「できていること」**に目を向けるようにしましょう。そうすると、時間はかかるかもしれませんが、**「できていないこと」**が自然とできるようになっていくのです。

POINT 2

「私の時代は、
こうやって教えてもらったのに…」
という固定概念や発想を捨てる

　最近入社されてきた方たちのお話を伺っていると、**「美容師」**という職業に対する意識やサロンへ就職して**「社会人になる」**といった面での『心構え』が、いずれも希薄になってきたように感じることがあります。

　仕事は自分で探したり見つけるものではなく、人から与えられるものだと思っている人も少なくありません。

　ですから、最初に社会人・職業人としての心構えをしっかりと伝え、教育することが欠かせません。**「与えられることに慣れている」**ということは、基本的に"待ちの姿勢"のため、何かを与えなくてはならないのです。

　そこでトライしたいのは、以下の2ステップです。

　　A　本人の課題を明確にする
　　B　スモール（小さな）ステップをつくり、
　　　　課題1つずつの達成を"見える化"する

　先輩方の中には、「自分が新人のときはそこまで手取り足取り教えてもらえなかった」と思われる方がいらっしゃるかもしれません。そのお気持ちも痛いほど分かります。けれども、まずはその固定概念を捨てることが新しい価値観を知るということなのです。

17

POINT 3

このまま自分で仕事を抱え続けると、この先、仕事量・業務量が増え続けて、あなた自身がパンクすることを知る

　美容業界は、教育産業だと言っても過言ではありません。美容師さんが商品であり美容師さんという"人"が売上をつくります。人を育てられないサロンは、美容師さんという商品がつくれないことになり、これからの時代を勝ち残ることが難しくなってきています。

　美容師さんはキャリアを積んでスキルが上がっていくに従って、サロンワーク以外の業務が増える立場へ変わっていきます。スタッフへの指導や教育も、その1つです。忙しい毎日の中で、通常の業務以外にスタッフを教える時間をつくることは確かに大変です。

　ただ、自分の分身になる存在をつくり上げないと、あなたの業務はいつまで経っても減らず忙しいままです。そのため、どこかのタイミングで人を教える指導する…あなた自身が**「教育者」**になることを決断する必要があります。

　教育者になることを決めたら、数ある業務の中で、やるべきことの優先順位を変えましょう。思いきって、**「人に教えること」**を最優先にするのです。

　教えるのが面倒だと思うと、つい**「点」**で教えるようになってしまいます。気になったときに注意する。気づ

いたときに、その場の気分で教える——そうやって「点」で教えるようなムラがある教え方では、人は育ちにくいものです。点ではなく、つながりのある「線」で教えることが大切なのです。点と点で教えていたことがつながって、線になれば、教わる側も仕事や物事の流れをより深く理解できるようになります。

＼教育システム再構築の必要性／

　例えば、技術を教えるとき「今月中に、これができるようになろう」という目標や課題をしっかり伝え本人が理解しているかを確認し、それを"見える化"してみましょう。
　"見える化"というのは、学んだことを文章（プリント）やノートなどに落とし込み、きちんとできているかを上司・先輩が確認し（確認する日も決める）、「この課題をクリアするために、いつまでに、どういう準備をする→そして、やりきる」という目標を伝えることから始めます。相手に分かる言葉で、相手の立ち位置を確認しながら、成長過程を共に歩むのです。
　行ない始めた1年目は軌道に乗るまでが大変だと思います。
　しかし、今後入ってくる世代を想定して「新しい教育ツールをつくっている」「教育システムを再構築している」と思いながら現在の後輩をモデルにして継続的に活用できる新しい教育ツールをつくっている、という意識で共に成長するという気持ちが重要です。

POINT 4

あなた自身、これまでにいろいろなことを乗り越えて仕事ができるようになり、今の自分があることを承認して、受け止める

　Aさん自身、かつてアシスタントだった時代を経てスタイリストになり、そこでさらに経験を積んで実績を残したからこそ、現在の立場や役職があるはずです。

　Aさんから見れば、今の若い世代や後輩の姿に**「こういう時代は自分にもあった。いつかはできるようになり、乗り越えることもできる」**と簡単に思っているかもしれません。

　けれども、それはあくまでも"乗り越えてきた人間"の言葉です。若い人たちが直面している目の前の壁は、本人にとってとても高くそびえたっていると考えた方がいいと思います。

　Aさんから**「私にもできたんだから、あなたにもできるよ」**という励ましの言葉をもらっても、後輩から見ればAさんは**「できている人」**です。なおかつ結果を出している、完成された人物なのです。そのため**「A先輩だったからできたんですよね…」**と励ましているつもりが落ち込ませてしまうこともあります。

私はこれまで、こうした壁を乗り越えられず、たくさんの若い人が美容業界から離れていく姿を見てきました。

　現在、サロンで活躍中のキャリアある美容師さんの今までの価値観を押しつけ過ぎてしまったら、強い者しか生き残れない業界になってしまうのではないでしょうか。

　今までは、そのやり方でも良かったかもしれません。

　ただ、現在「美容師を志望する若者が減っている」現状の中では、強い者だけが勝ち残れる業界・できる人だけが在籍するサロンにしてはダメなのです。

　どんなタイプのスタッフでも「自分のサロンで育てる」「時間がかかってもこのスタッフと一生付き合う」と覚悟を決めてそのための土壌とシステムを創り上げることが大切です。

　システムの内容や環境のつくり方は、今のAさんの目の前にいる世代をロールモデルにして作成していくことが、遠い道のように見えて実は近道なのです。

　「どうして、こんなに同じことを何度言っても分からないのだろう？」「自分でやったほうが早いわ…」とあきらめるではなく、この目の前の後輩をモデルにして教育システムをつくっているのだと思えれば、システム構築ができるまで、Aさんはあきらめないはずです。

POINT 5

後輩を信頼する
信じきる。信じて待ち続ける。

「信頼の反対は、何でしょうか？」

信頼の反対は…不信？ 裏切り？ 心理学では、信頼の反対は**「期待」**だと考えます。

信頼することは、自分だけでできるものです。相手を信じきるのです。一方、期待は、相手に対して**「自分の求める評価」**に達しなければ**「認めない」**——相手に求めるものです。

Aさんは無意識のうちに後輩に期待しAさんの物差しで、きっとこれくらいはできるだろうと期待しているからこそ、できない後輩を認められないのです。

例えば人を育てる例として、Aさんはまだ立つことができない子どもに**「歩きなさい！」**と言うでしょうか？

立つことのできない子どもが立てたら、まずは**「立てたね！すごいね！」**と喜び承認するはずです。だから誉められた子どもは**「もっと頑張ってみよう」**と思うのです。

人は、みんな自分の世界が広がることや成長願望**「やれるようになりたい」**という気持ちを持っています。

そのためには、今の子どもの例のように必ず立てるようになること、歩けるようになることを信じて待つ——**「信頼する」**ことが大切だと思います。これが、人を成長させるプロセスです。

今、できていることをきちんと見つめて**「認める」**。

　次に本人ができるであろうことを信じて待ち、できたら共に喜び合う。

　これらの中で、どこかのプロセスが抜けてしまうと、Aさんの目の前の人は育たない可能性があります。

　今日から、期待ではなく、信頼をしてみてください。信じて待つのです。後輩の成長を疑わないで、信頼するのです。

信頼 ⇔ 期待

叱り方が分かりません。
強く言ったら
辞めちゃいそうで…

後輩や部下への叱り方が分かりません。
強く言うと、辞めちゃうんじゃないかという不安があります。
叱るときは、どういうタイミングで、
どういう言葉を使って伝えればいいのでしょうか?
また叱る場所は、どういう場所を選んだらいいのでしょうか?

(Bさん・30代・店長)

　お互いの信頼関係ができていない段階で、相手を叱るのは禁物です。後輩や部下が、Bさんのことを信頼するようになったタイミングで叱ることがポイントです。

　人は、信頼している人の忠告やアドバイスであれば納得し、きちんと聴く耳を持って聴こうとします。そして、教えてもらったことを真摯に、素直に受け止めて、自己の成長に活かします。

　でも、信頼関係ができていなかったら**「なんでこの先輩にこんな風に言われなくちゃいけないの?」「この先輩に私の何が分かるの?」**と、叱る内容(事実)よりも、**「叱られた!」**という行動に対してのネガティブな感情を先に受け止めてしまいます。

相手がしっかりと聴く耳を持っている状態なのか?

信頼関係は構築されているか?

ここが大切なのです。

相手を普段から観察し、相手の状態を知る。
そして、自分が信頼される
上司・先輩になっているのか？

後輩を叱るには「叱る準備」が必要なのです。
準備には、5つのポイントがあります。

POINT 1 「無条件肯定の愛情」を注ぐ

POINT 2 何があっても嫌わないことを伝える。
「好かれたい」のではなく「嫌われたくない」と思っている

POINT 3 観察力を磨き、きちんと後輩について理解している
ことを表現する

POINT 4 相手を誉める
（観察していなければ誉めることはできない）

POINT 5 自分のことを分かってくれている人、
理解してくれている人に、人は心を開く。
あなた自身が、聴く耳を持つ

POINT 1

『無条件肯定の愛情』を注ぐ

　日頃から、あなたの心の根底に『無条件肯定の愛情』をもって後輩や部下と接しましょう。

　人は往々にして「条件肯定の愛情」を注いでしまうことがあります。

「○○をしてくれるあなたのことを気に入っている」
「○○ができるようになったから、△△をあげよう」

　このように、条件付きで相手を肯定しているのです。

　『無条件肯定の愛情』とはシンプルな言い方をすると、**「相手がどういう状態だったとしても愛し続けること」**です。**「親が子どもに与える愛情」**と同じです。親は子どもがどんな状態でも『無条件肯定の愛情』を与えます。あなたが相手を肯定し愛を与えるから相手もあなたを肯定し信頼してくれるのです。

POINT 2

何があっても嫌わないことを伝える。
「好かれたい」のではなく
「嫌われたくない」と思っている

　『無条件肯定の愛情』を注ぐとどういうことが起こるか？

「先輩は、何があっても私のことを『嫌わない』」と信頼するようになります。

"無条件肯定"の愛情を注いでいないと**「先輩は自分のことを嫌いになった！」**と思ってしまいます。**「一度嫌われた」**と思ってしまったら、その後のアドバイスや叱咤激励が、**「嫌われている」**という思い込みの"感情の壁"によって、相手の心に入らなくなっていきます。見えない壁があるわけですから自分の届けたい言葉や気持ちが相手に届かなくなってしまうのです。

POINT 3

観察力を磨き、
きちんと後輩について理解していることを表現する

普段から後輩を観察することによって
「後輩の心にどんな波があるのか？」
「どんなときなら、こちらの話を聴けるのか？」
状態が分かります。相手のことを知る・理解していることが大切です。

私たちの内面には、必ず感情の起伏があります。朝は「テンションが低い」人もいれば夕方になると「疲れが出る」人もいます。その波を観察し、相手の心の状態が安定しているときに話をしたり叱ったほうが、後輩の心

に伝えたいことが入るはずです。

　あなたが部下や後輩の心の状態を観察していることを表現して本人たちがきちんと感じると**「自分を理解して声をかけてくれている」**と信頼してくれるようになります。

POINT 4

相手を誉める
（観察していなければ誉めることはできない）

　信頼関係を構築する第一歩は、相手を**「誉めること」**です。相手をよく観察していなければ誉めることはできません。仕事の上で相手を誉めるときは**「昨日より、今日できるようになっていること」**があったら誉める。そして信頼関係を構築するという**『目的』**を持って相手を誉めることが大切です。

　後輩は、先輩に誉めてもらうと**「無条件肯定の愛情」**を感じ**「嫌われていない」**と安心するようになります。そして先輩は観察することも同時に行なえてPOINT1〜3をクリアできるのです。

POINT 5

自分のことを分かってくれている人、
理解してくれている人に、人は心を開く。
あなた自身が、聴く耳を持つ

　以上の段階をくり返し行なうことで、日々の行動から**「先輩は自分のことを理解してくれている」**と感じ、あなたに心を開くようになっていきます。心を閉ざしている人に正しいことを伝えても伝わりません。心の扉は相手が開いてくれなければ開かず、心の鍵は外から開かないのです。

\ アシスタント世代の方たちを対象に /
　行なったアンケート結果

① 「どんな先輩・上司なら、きつく言われてもついていく？」と質問したところ
　「普段から自分のことを分かってくれている人」
② 「指導されたくない上司の特徴は？」と質問すると
　「自分のことを細かいところまで理解、把握していない人」

　この2つのアンケート結果からも分かるように、**「自分のことを理解してくれている」**という信頼・安心・愛情を感じなければ、先輩や上司が指導にエネルギーと貴重な時間を使い気をつかっても相手の心には届かず**「叱る」**という行為自体が無駄になってしまいます。

　そもそも**「叱る」**の目的は、相手ができていないことをできるようになってほしい、そして成長してほしいという願いのはずです。

　相手が指導を受ける状態（相手が聴く耳を持つ状態）を整えておかなければ、叱るという指導は無意味になってしまいます。

　後輩に対して叱るときに**「どんな言葉を使えばいいか？」「どんな叱り方がいいか？」**という目先の視点では、相手に伝わらないのです。

　普段の自分の態度や行動が、POINT①〜⑤のどこでつまずいているか——この機会に、振り返ってみてはいかがでしょうか。

　叱る場所についてのご質問ですが、必ず他のスタッフがいないところを選びましょう。なぜなら、多くの人が**「プライドが高く」「コンプレックスが強い」**からです。

　本人のプライドを守り、コンプレックスを感じさせないよう指導するときは叱る場所と環境を選んであげてください。

スタッフがすぐ辞めるサロンと辞めないサロンの違いって？

「スタッフが
すぐ辞めるサロンと、
辞めないサロンの
コミュニケーションの違い」
は、どんなことでしょうか？

ANSWER

これまでに数多くの
サロンさま、美容師さまと
携わらせていただいてきた中で
下記の5点が「人が辞めないサロン」の
必須条件です。

POINT 1 スタッフ間の人間関係が良好で、
お互いのことをよく知っているサロン

POINT 2 サロン内にポジティブな空気があふれ、
元気・活気があるサロン

POINT 3 スタッフ同士がお互いのことを思いやり、
現在の環境や日常の当たり前のことに
感謝の気持ちを持っているサロン

POINT 4 相手に矢印を向けるのではなく、
自分に矢印を向けて物事を考える
スタッフが多いサロン

POINT 5 会社の理念を分かりやすい言葉で、
伝える文化ができているサロン

POINT 1

スタッフ間の人間関係が良好で、お互いのことをよく知っているサロン

　採用面接の際に親御さんの職業や家庭環境などを聴くことができなくなり、どんな環境で育ってきたスタッフなのかを事前に知ることが難しくなりました。

　しかし、どのような環境で育ちどのような成長過程があって現在の性格や価値観、人物像などができ上がってきたのかをお互いに知ることは同じ場所で働く上でとても大事なことです。

　人は、興味を持ってお互いの話を聴くと心理的な距離が縮まります。得意なことや苦手なこと、嫌だと思うときの思考パターンや学生時代に頑張ってきたことなど…。

　こうしたことを知らないまま関わっていると、何かあったときにどうやって接すればいいか、どう励ましたらいいか、などが分かりにくいものです。

　人は誰でも、自分を大切にしてほしいと思っています。大切に想っていても**「行動」**で表わさないと伝わりません。相手のことを**「知りたい」**と思い知っていることをきちんと伝える。スタッフの入社後、早い段階からお互いのことを知り、理解し合うことが重要です。

POINT 2

サロン内にポジティブな空気があふれ、元気・活気がある

　人が辞めないサロンは、お店の空気感と雰囲気が良い傾向にあります。こうした**「気」**は、人に伝わるもので、お客さまにも伝わっているのです。元気・活気があるサロンは、お客さまにも選ばれています。だから決して暇ではありません。**「今日は出勤して○○の役に立った」****「○○ができるようになった」**——というように、できれば毎日、仕事を通してスタッフの内面が充実感・充足感で満たされるようになればサロンに良い「気」が生まれやすくなります。

　逆に、人は暇になると考えなくていいことを考え始める傾向があります。**「このサロンにいると、自分の未来が見えない」****「成長できる気がしない」**…充実感・充足感があれば考えもしないようなことが頭に浮かんできて、迷いが生じたり悩み始めます。

　そんな"心の隙（すき）"を与えないように、例えば朝礼でスタッフ全員の心を一つにしテンションを上げる、朝一番のお客さまから最高のパフォーマンスを意識し、そのテンションで1日を過ごす。"やり切った"充足感で帰宅する——このような毎日をスタッフの皆さんに過ごしてもらえる環境のベースづくりが大切だと思います。

POINT 3

スタッフ同士がお互いのことを思いやり、
現在の環境や日常の当たり前のことに
感謝の気持ちを持っているサロン

　「売上」を基準とした物差しでサロン内を見ると、ある意味において"強い人"だけが生き残れる環境になりがちです。

　仕事とは、常に誰かが準備をしてくれて誰かのサポートの上に成り立っている──このことを常に忘れなければ、当たり前のことにも感謝できるようになります。**「ごめんなさい」**という言葉より**「ありがとう」**の言葉があふれているサロンの方が、離職率は低いものです。

　しかし、仕事の場面では、往々にして人ができていないことにばかりに目が行ってしまい、つい指摘してしまうことがありませんか？　そんなときは、相手ができていないことにイライラするよりも**「できていること」**に目を向けてみてはいかがでしょう。

　相手に注意を促したい場合は、**「ここまでは、できていて良いと思っているよ。さらに、もっと、こうしてくれると私は嬉しい」**と気持ちをストレートに伝えれば、相手はもっと頑張ろうと思ってくれます。

　同じことを伝えるにも、根底に感謝の気持ちを持つことを忘れないこと。その有無によって、結果は大きく変わります。これも、日々の積み重ねだと思います。

POINT 4 ✏️

相手に矢印を向けるのではなく、
自分に矢印を向けて物事を考える
スタッフが多いサロン

　仕事の上で、同僚や後輩ができていないことがあったとします。そのときに矢印があるとすれば、矢印は誰に向いていますか？

　仕事ができていない相手に対して、自分は**「伝えた」「教えた」**——でも、相手ができなかった——相手の努力が足りない、頑張っていない、やろうとしていない、相手が悪い…そんな風に、相手に矢印を向けて考えていませんか？　それは、実はとても簡単でラクな方法です。悪者を仕立てあげることで、自分は**「ちゃんとできている人」「良い人」**になります。

　ただし、そのままでは何も好転しません。そこで、良いか？　悪いか？　の二極論で物事を考えるクセを止めて

・どうして目の前の後輩はできなかったのか？
・自分の伝え方や教え方はどうだったのか？

　常に自分に矢印を向けると怒りの感情は収まります。サロンの中では怒りの感情は必要ありません。

POINT 5

会社の理念を分かりやすい言葉で、伝える文化ができているサロン

　サロンの理念や社長の想いが明確で、スタッフ一人ひとりに分かる言葉でしっかりと伝えて共有できているサロンは、スタッフが辞めにくい傾向にあります。

　先輩や上司がどんな仕事でも、勉強でも**「何のためにそれをやるのか？」**という目的をしっかり見せて取り組んでいるとスタッフもそこへ向かおうと努力します。

　スタッフがすぐに辞めるサロンも形の上では理念や教育カリキュラムがあるかもしれませんが、それをスタッフに伝え続けたとして、スタッフが理解していなければ理念がないのと同じだと私は思います。

　スタッフに教えるときやミーティングをするときなどは理念やビジョン、ミッションからズレていないかを常に確認しながら進めていくことが大切です。

　全員参加型で意見を伝えやすい環境がある。何かを始めるときは、最後まで取り組みの進行がどのように進んでいるかチェックする。実行したら、やりっぱなしにしない──。日々の忙しさの中で**「こんなことは言わなくても分かるだろう」**とか**「1回言ったから大丈夫」**なんて思わないで、チェックと検証を行ない、改善することが大切なのです。取り組んでいることに対して認める**「承認すること」**が、スタッフの成長につながります。

新卒スタッフの定着

辞めないサロンの実例

　新卒のスタッフが辞めない環境を築くには、新人を迎え入れる前の準備と入社から**最初の90日間**がとても大切です。

迎え入れる前の準備

　入社に際しては、なんとなく漠然と迎え入れるのではなく、サロン側の**「迎え入れる準備」**が欠かせません。

　準備をした"想い"と"気"は、必ず新人スタッフに伝わります。何事も、準備が大切なのです。春先の2〜3月末までに、新人を迎え入れるための研修や、ミーティングを重ねましょう。

　では、どのような研修やミーティングをすればいいのでしょうか。

　まず、会社がどれだけ大変な思いをして求人採用したのかを全スタッフで共有することです。そして新卒者がどんな心の状態で入社してくるのか、心情を想像する時間を持つのです。

　自分自身を振り返り、社会人になる前にどんな心の状態であったかを思い出してもらいながら、新人スタッフの不安な心理状態を想像します。私のセミナーでは、その部分をどうやってサポートするか。さまざまな事例を用いて、考える時間を持ってもらいます。新人の"心の波"をイメージしてもらうのです。

　また、新しく入るスタッフと、既存のスタッフでは、これまでに受けてきた教育の違いを理解してもらうことに重点を置きながら共通理解を持っていただくようにしています。

　新人スタッフと関わるときに、腫れものに触るような態度であったり、絶対に辞めさせたくない思いが高じて大事なことを伝えられなかったり、いつまでもお客さま扱いをしたり…このような調子では、どこかでお互いに無理が生じます。

最初は「新人スタッフだから…」と優しく関わっていた先輩が突然、厳しく指導し始めたり、「仕事とは…」「サロンとは…」「美容とは…」なんて語り出すと、新人からは「最初に思っていたのと違う！」なんて言われてしまい場合によってはスタッフの退職にまで発展してしまうのです。

最初の90日

　入社した新人スタッフへ最初に必ず伝えていることがあります。
「学生と社会人の違い」
「何があってもあなたたちの味方であること」
「何があってもあなたたちを嫌いにならないこと」
　この3項目を新人スタッフに明確な言葉と態度で伝え、心の根底まで浸透させていくのです。
　どんな行動や言葉も「あなたのことを心から想って伝えていること」これを最初に分かってもらい本当にその通りの行動・言動を先輩は意識し守り続けるのです。
　どんなときも新人の味方であり、新人を嫌いにならないためには、誉めることが欠かせません。
　例えば、本人の「結果」ではなく「プロセス」を誉める。きちんとあなたの成長を見守っていることを毎日伝えていきます。
「言わなくても分かるだろう」は、通用しません。
　入社後の90日間でしっかり本人を観察し、心の状態の把握や、理解力を見て教育方法を考えるのです。できれば、オーダーメイド型の教育（個別の教育カリュキュラム）を作成し同期同士で競わせるのではなく、各自の長所を伸ばしていく教育の仕方がベターです。
　この方針を守って90日間が過ぎると、その先は少し厳しいこと

を伝えても「自分のことを一番理解してくれている先輩が伝えてくれたのなら…」と、厳しいアドバイスを感情ではなく、事実として受け止めて、成長しようと努力するように変わります。

そんなに誉めて大丈夫か

　サロンの方々に「最初の90日間は徹底的に誉めて、本人の長所を伸ばしてあげてほしい」とお願いすると、「新人スタッフを甘やかすと、つけあがるのではないか？」と心配される方がいます。
　そのような心配は、無用です。誉められて、つけあがる人が本当にいるでしょうか？
　固定概念にとらわれず、誉めることの目的を再確認してほしいのです。誉める目的は、「私はあなたのことをきちんと見ている」と伝えることです。
　相手を誉めて「きちんと見ていてくれる人」という印象形成ができたら、その後は叱ることも、叱咤激励をすることもできます。
　ベース（土台）をつくっておくと、その後のコミュニケーションは円滑に進むのです。

90日間、本気で新人スタッフと向き合う

　今後、美容室経営で大事なことは入口（求人）と出口（離職させない）の整備がポイントとなりこれから一層重要になってきます。
　入口に成功したら次は出口を意識すること。せっかく入社しても、離職者が出るようなサロンではいつまで経ってもスタッフが定着せず努力が実を結びません。

スタッフが
すくすく育つサロンと
なかなか育たないサロン
の違いは?

「スタッフが辞める」と並んで多い課題が、
「スタッフが育たない」です。
これまでにご縁があったサロンの中で、
スタッフがすくすく育つ
サロンの共通点を挙げてみます。

POINT 1 素直なスタッフが多い

POINT 2 教える側が一方的に話さない。
相手が分かっているかを常に確認し、
分からないところを質問しやすい
環境をつくっている

POINT 3 相手の使う言葉で説明し、
ツールを工夫する

POINT 4 メモを取るスタッフが多い

POINT 5 目標に対して、
スモールステップで進める

POINT 1

素直なスタッフが多い

　スタッフがすくすく育つサロンは、素直な人がとても多いと感じます。どんなことでも吸収し、ありのままを受け入れようと努力する姿勢があるのです。

　人は環境で育ちます。どんなことでも吸収し、素直で誠実な先輩が多いサロンには、同じく素直で誠実な後輩が増えます。臨店セミナーの際に、素直な方ばかりのサロンだと講師をしていて、もっと伝えたい気持ちがあふれてお話しする予定になかったことまでセミナー中に話していることがあります。これは美容師さんの素直さや誠実さが私の心や知識を開いているからなのです。

　教育を受けることに対し素直な姿勢で聴き、取り組んでいけば必ず成長します。

POINT 2

**教える側が一方的に話さない。
相手が分かっているかを常に確認し、
分からないところを質問しやすい
環境をつくっている**

　教える側が聞き手に意識を向け、相手が自分の話を理解しているかを常に確認しながらコミュニケーションができるサロンもスタッフがすくすく育ちます。

　例えば、技術を教える際には先輩が最初にお手本を見せ、次に後輩にやってもらうときに「分からないところはない？」と必ず確認しましょう。

　後輩は、新しい知識や技術の場合、「何が分からないのかが分からない状態」です。次の段階へ進むためには「分からないことが何なのかが分かる」——ここで初めて質問が出てくるのです。そして「分かるところが分かる」という領域に進めれば、自信につながります。

　いずれにしても、教える側が一方通行で伝えるだけでは人は育たないのです。「もう伝えた」「あとは察してほしい」「自分で考えろ」…こうした心理状態に陥りやすいものですが、もう、このやり方や価値観が通用する時代ではなくなったと認識してください。

POINT 3

相手の使う言葉で説明し、ツールを工夫する

　以前、ある企業経営者が、社員に対して**「君たちのやっていることは、機会損失をしている！」**と、とても力を込めて話していたことがありました。

　その場に同席していた私は、社員の頭の中で**「機会損失」**という言葉が理解できているだろうか？と気になりました。漢字で見れば分かるかもしれませんが、社長は口頭で伝えています。音で聞けば「きかいそんしつ」です。

　私は社員に質問しました。

『さっき社長が話された「機会損失」分かる人？』

　ほとんどの社員が「？」で自信を持って手を上げてくれた1人の社員は**「機械が壊れて損失があることです」**と答えました。

　やっぱり、伝わっていない。

　経営者はたくさんのことを外でも学んでいることによって、社員との間にギャップがあり、社員とは使う言語が違う場合があります。このときの状況では、ツール（プリント）を使わなくてはならなかったのです。

　経営者が事前に話したいことや伝えたいことをプリントにして、この**「機会損失」**という言葉を社員が漢字で見ることができていれば、その意味を理解できた社員は格段に増えたと思います。

相手に分かるよう、ツールを使って伝えることは大切なのです。

最近の若いスタッフは、写真や絵、映像などからイメージして記憶することが得意です。

ですから、後輩に伝えたいことがある場合や、教育ツールとして、映像や写真を使うことは成果が上がります。

自分の想いを伝えたいときにYoutubeなどで今の自分の考え方を伝えることができそうな短い映像を使ってみたり、マニュアルを文章で書くのではなく写真を入れて説明したりします。

特に芸術家のような繊細さと流行をとらえる感受性に秀でている美容師さんは、もともと右脳の発達している方が多いので左脳（文章）より、右脳（絵や映像）で伝えたほうが記憶に残りやすいのです。

POINT 4

メモをとるスタッフが多い

私たちは、"忘れる生き物"です。

覚えておこうと強く何度も思うと脳に負担をかけます。**「忘れてはいけない！」** と思うのではなく、**「自分は忘れるから」** とメモをとっておくことで脳は安心します。思い出すにはメモを見ればいい。これはメモを見るとそのときの記憶が蘇り、忘れないことにつながります。

また、教育の際に後輩がメモをとっておくことで**「前回も同じこと言ったよね」「メモ見てごらん。この日も言ったよね」**と確認できるため、同じことを何度も注意されている自分に気づくことができます。

　メモをとっていないと、「前も同じこと言ったよね？」と、言った側は覚えていても、言われた側は覚えていないので、初めて聴きました…という状況になり、教えた側の先輩は情けない気持ちになったり、怒りの感情が出てしまい、何度同じことを言っても覚えない…などと、落ち込むことにもつながります。これは、精神衛生上でもよくありません。**「人は忘れる生き物だ！」**を前提に、メモをとる習慣が文化になっているサロンを目指しましょう。

　人は、**「記憶したこと」**は忘れますが**「行動したこと」**は忘れにくい生き物でもあります。**「聴く」**というのは、一時的な**「記憶」**です。メモに書くのは**「行動」**なのです。そして、メモをとるスタッフが多いサロンですくすくと人が育っているのは、決して偶然ではないと感じます。メモをとることで責任の所在をハッキリさせることにもつながり、スタッフに責任感も出てきます。

POINT 5

目標に対して、スモールステップで進める

　スタッフがよく育つサロンはゴール（課題や目標）へ向かう際に最終地点にたどり着くまでの道筋を細分化しスモールステップをつくっています。

〈例〉
「1か月後の10月1日にヘアカラーのテストをするので、モデルを用意して練習しておいてね」と伝えた際に

★「まず、何から始めるか」を一緒に考えます。
★今日からの1ヶ月で、やらなくてはならないこと
　これらを一緒に書き出してみようと伝えます。

①モデルはどうするのか？⇨「友達に頼みます」

②頼めそうな友人のリストアップをする
　⇨リストアップの確認。いつ連絡するか日時を決める

③友人にアポとりのため連絡する⇨連絡したか確認
※スタッフは友達に連絡しましたが1人目の友人に断られて、イヤになってしまい電話をかけられなくなっている状況がよくあります。

〈ここでの問題点は…〉

「友人へお願いの仕方が分からない」＝つまづく
　⇨改善策を一緒に考えてあげる

〈改善策・解決策〉
① LINEの文章を一緒に考える。
②電話なら、店長が代わって話してあげる。
　⇨お手本を見せることによって
　　次から自分で友人にお願いできるようになる
☆モデルを確保し、ここから練習内容スタートです。

・練習メニューの確認
　⇨つまずいているところをフォロー

このように、よい結果を出してもらうために、テストまでの道のりを協力してあげることが大切なのです。
　結果を出すよりも前の段階でつまずいていたら当日になって「モデルを用意できませんでした」とまさかの展開となり、スタッフにとってテストの日は**「怒られる日」**になってお互いの時間がムダになってしまいます。
　課題を出したなら、出しっぱなしにするよりも、起こりうるすべての問題を先に抽出しクリアできるように、細かくサポートしてあげましょう。
　——これが、スモールステップ"相手に寄り添う教育"です。気をつけなくてはいけないのが、課題をクリアする前の段階で自信をなくしてしまうことで、ゴール**「目標」**はテストに合格することです。
　今の与えられた環境の中で教えてもらったことを吸収し、お客さまに選ばれる美容師になる——それまで、サロンを辞めない——ここがゴールなのです。
　現在、スタッフが**「やり続けられる環境」**の整備をすることが求められ、やり続けられる環境をつくれば、スタッフは辞めません。すぐ辞めるのはスタッフだけが悪いのではなく、やり続ける場をつくり上げられないサロンのあり方にあると考えましょう。

もう"人"で悩まないための

コミュニケーションスキルを
アップさせるトレーニング

スタッフ、お客さま。
コミュニケーションのスキルを高めていくことが
繁盛サロンの第一歩です。
ここからは具体的なコミュニケーション方法について
分かりやすく解説していきます。

「モテる印象の美容師
モテない印象の美容師」

　私が美容業界で講師をさせていただき、美容師の皆様と関わり始めて15年が過ぎようとしています。この歳月を通して数多くの美容師さんと出会い、美容師さんお1人ずつの年齢、キャリア、立場などがすべて異なる中で、さまざまな悩み、不安、不満、怒り、喜び、感動といった感情に寄り添ってきました。そして、より充実した仕事を実現し、また1人でも多くのお客さまや先輩・後輩・同僚の皆様と良好な関係を継続できるように私は心理カウンセラーの観点から、美容師の皆様のお役に立てるよう活動をしてきました。

　美容業界に関わり始めたころ、私は美容師さんのことをもっと知りたくて「なぜ、この職業を選ばれたのですか？」と男性の美容師に質問しました。「女性にモテた

かったから」という答えが多く、最近美容師さんに同じ質問をしますと「モテたかったから」と答える美容師さんの数は少なくなっているように感じます。

　「優しくてマメで清潔感がある。聴き上手。相手のことを感じ気づく力が高く、雰囲気・空気を読むことができる。独特の雰囲気を持っていて相手を大切にしコミュニケーション能力が高い」——このような人は確実に「モテる人」だと思います。

　そして、こうした印象をかもし出されている美容師さんが、「売れるスタイリスト」になり支持され選ばれているというのが、私の率直な実感です。

コミュニケーションスキルを
アップさせるトレーニング 1

緊張を溶かす技術
アイスブレイキング

　美容師さんにとって、サロンは職場であり日常的に慣れ親しんでいる場所ですがお客さまにアンケートをとると**「美容室は緊張する」**。お客さまにとって、サロンは非日常の場所であり緊張しやすい空間だからだと思います。
　心理学では、緊張を**「氷」**に例えます。
　緊張した状態は、相手と自分の間に"見えない氷"が張られているような状態です。緊張が強ければ強いほど、なかなか溶けない分厚い氷になります。
　もし、お客さまを受け入れる側のあなたまで緊張していたら、お客さまとの緊張が重なり合ってさらに"見えない氷"はどんどん分厚くなります。
　なぜなら人と人の間で心理状態は呼応するからです。
　緊張はコミュニケーションをとる上での弊害になります。緊張を溶かす技術は必ず身につけていただきたい**「アイスブレイキング（氷を壊す）」**技術です。

緊張は相手にうつる——そんな心理状態の呼応を考えると、常に穏やかにお客さまを受け入れられるマインドを持ちたいものです。このマインドがあれば、お客さまも緊張がやわらぎ、必ずあなたを受け入れてくれるようになります。

　お客さまの表情や様子はあなた自身が映し出されている鏡。お客さまを観察しながらあなたがお客さまの緊張を解くというコミュニケーションを実践しましょう。

　お客さまにリラックスしていただく空間をつくるためには、普段からサロンの雰囲気をつくり上げる"空気感"を大切に意識し、つくり上げる努力が必要なのです。

　緊張を溶かす技術（アイスブレイキング）で、必要なことは

①笑顔
②声
③誉めること

笑顔のトレーニング

　サロン内で常にお客さまの緊張を溶かす「笑顔」でいるために実践的なトレーニング方法をお伝えします。

トレーニング 1 自分の表情を鏡で見る

トレーニング 2 1、2、3、4（イチ、ニー、スリー、シー）と声を出し、特に「イ」の発音をするときに力を入れ、口角を上げる

トレーニング 3 口角を上げたときの位置をしっかり身体で覚える

　サロンではいつも「笑顔」は口角の上がっている状態を自分の顔の基本ポジションにします。

笑顔の力はすごい！

　笑顔のトレーニングが必要な理由は、お客さまへの影響力が絶大であると同時に、笑顔を見せる自分自身にも非常にポジティブな心理的効果があることです。

　下記のイラストのように割りばしをたてと横でくわえます。次にその表情のまま漫画を読み漫画の面白さに点数をつけてもらった場合に、同じ漫画でも箸を横にくわえた方が高得点になります。**「楽しいから笑顔になるのではなく笑顔をつくるから楽しくなるのです」**。また、さまざまな単語を集めたリストから、ポジティブ単語だけを素早く選び出す作業も箸を横にくわえた方が早く選び出すことができます。

　笑顔には、周囲から明るく朗(ほが)らかな事象や情報だけを収集するフィルターのような役割もあるのです。

　緊張で生じた"見えない氷"を溶かす**「笑顔」**。

　笑顔そのものが、コミュニケーションなのです。そして、人間だけに与えられた能力の1つ、それが笑顔のコミュニケーションです。

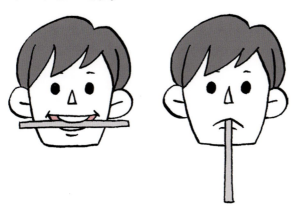

コミュニケーションスキルを アップさせる トレーニング 2

相手を想って準備する大切さ

　美容室には、年齢や価値観などが全く異なる方々がたくさんお越しになります。

　そのため、接客の難しさを感じた経験がある方もいらっしゃるのではないでしょうか。

　ただ、普段からコミュニケーションの技術トレーニングを積んでおくと、どのようなお客さまがお見えになられたとしても、自信を持って接客することができるようになります。

　"コミュニケーションの技術トレーニング"とは、言い換えれば"準備"です。

　人が人と関わる際に緊張する最大の理由は、**「準備をしていないから」**なのです。

自分を安心させるルーティン

　私が心理カウンセラーを目指して学んでいたとき、教授から教えていただいたことがあります。

「あなたがクライエントさんを迎える上で、何か１つで

いいから心を整えるためにできる準備を見つけて継続するように」

——という言葉でした。

以来、私が今も続けていることは、カウンセリングのご予約の時間が近づくとお越しになるクライエントさんのために必ず私自身の手でお茶を入れるようにしています。

悩みを持つクライエントさんが「このお茶を飲み喉を潤わせた瞬間に少しでも気持ちが楽になっていますように…」と、全意識をクライエントさんに集中してお茶を入れます。絶対に他のスタッフではなく自分でお茶を準備し、自分で運びます。クライエントさんにこの気持ちが伝わるのか、**「お茶がとてもおいしかったです。ごちそうさまでした」「お茶をいただいたらホッとしました」**と言われることが多いです。

「お茶を入れる」という準備がどう影響しているのか科学的なデータがとれているわけではありません。カウンセリングの結果にどうつながっているのか検証をすることもできません。ただ、大切なクライエントさんとお会いする前の**「準備」**＝毎回同じ一連の動作によって、私は心を整え自分自身を緊張から解き放しています。それがクライエントさんにも伝わっているのではないかというのが率直な実感なのです。

> 準備のトレーニング

★ 毎朝、美容師としての自分にスイッチを入れるために、
  準備することを書き出しましょう。

★ お客さまをお迎えする前に準備すること、
  心を整えることを決めましょう。

〈"本来の自分"から"美容師の自分"へスイッチを入れる〉

準備による自信と安心が お客さまの心を開く

　準備とは最高のパフォーマンスを発揮するための精神統一のようなもの。プロフェッショナルな方々の中にはルーティンによって心を落ち着かせ集中力を高めている方がたくさんいます。

　「準備をしたから大丈夫」という自己暗示は、さまざまな場面で自分を助け緊張から自分の心を解いてくれます。

　相手のことを思って、お会いするための準備をする。

　このことが、信頼関係を高める際にも大いに役立ちます。

〈プロフェッショナルな方々の精神統一の例〉

①スポーツ選手：毎回同じウォーミングアップを必ずしてから試合に入る

②ドクター：手術前に必ず同じメニューの食事をする

③講師：講演前の車の中で必ず同じ音楽を聴く

　など、プロフェッショナルな方々も、自己コントロールの方法を探して実践し最高のパフォーマンスができるように自分を整え準備しています。

　自分が自分に対するアイスブレイキングをしてプロとしての準備をしているから、最高のクオリティを提供でき相手に信頼と感動を与えられるのです。

コミュニケーションスキルをアップさせるトレーニング 3

緊張を解かす「声」の技術

　なぜ、「声」が大切か？　「声」の技術とは、何か？

　お客さまの緊張を解かすのは、笑顔。そして声です。小さな声よりは、エネルギーのある声を意識します。

　私の講習では最初に必ずアイスブレイキングのワークを行ないます。会場の緊張を解いてから講習を始めると学びの吸収率が変わるからです。

　このトレーニングを始めると、会場内がどんどんエネルギーのある声で包まれていきます。たとえ真冬の開催でも会場内は「暑い！」という声が飛び交うほど室温が上がり熱くなります。

これは、声の力によるものです。声によってエネルギーが上昇し、場の空気が温まるのです。
　元気な声、活発な声、エネルギーにあふれた声が飛び交うサロンの空気はお客さまを元気にする力を持っています。
　ただ、サロンによっては大きな声を出すことで、サロンの雰囲気が壊れてしまう場合もあります。声の大きさではなく、"エネルギーのある声"がポイントになります。

機械の声と人間の声

　機械の自動音声で聞く「ありがとうございました」。
　コンビニやファミレスで聞く「ありがとうございました」。
　これらを耳にして「あ〜、すごく感謝されたなぁ」とは、あまり感じません。
　言葉では「ありがとうございました」と言われているのに、感謝された印象はあまり残らない――この事実からは、人が「必ずしも言葉で感じ取っているわけではない」ことがよく分かります。
　高級ホテルのフロントや、老舗の飲食店で聴く「ありがとうございました」は、同じ「ありがとうございました」という言葉であるにもかかわらず、聴こえ方が全く違います。"想いを声にのせて届ける"という行動でお客さまに伝えているかどうかの違いなのです。

想いを言葉に乗せるトレーニング術

トレーニング 1

目の前の1人のお客さまの向こう側に100人のお客さまがいるということを常に意識して感謝を伝えます。

トレーニング 2

目の前のお客さまは、23万軒ある美容室の中で22万9999軒を選ばず、私のサロンへ来てくれたという奇跡を心に想い感謝を伝えます。

トレーニング 3

想いを込めた「ありがとうございました」を、スタッフ1人ひとりが発声し、サロンのみんなに聞いてもらいます。その中で一番よい「ありがとうございました」を選び、それをお手本として、みんなで練習します。

トレーニング 4

〈滑舌トレーニング〉

> パラ・ピリ・プル・ペレ・ポロ
> マラ・ミリ・ムル・メレ・モロ

「ぱぴぷぺぽ」に「らりるれろ」、
「まみむめも」に「らりるれろ」を
ミックスした滑舌トレーニングをすることで、
発声練習にもなります。

※滑舌が悪いと幼い印象になってしまいます。
　幼い印象では、信頼を得ることが難しくなります。

サロン内の「声の基準」

　どのように声を出すとお客さまに想いが伝わるのか、どう行動すれば、美容師としてお伝えしたい想いが伝わるのかを、スタッフ全員でロールプレイングしましょう。

　その際に、サロンにおける、声の"基準"を設けましょう。

　注意したいのは、どのお客さまにも必ず大きな声で接することが正解ではないということです。

　サロンのコンセプトを再確認し、お客さまのタイプを客観的に分析しながら、声質や声の大きさを変えることができるようになるトレーニングをすることが、とても大切です。

コミュニケーションスキルをアップさせるトレーニング4

誉める技術

　お客さまの緊張＝氷を溶かす笑顔と声。そして**「誉めること」**を加えると、アイスブレイキングに必要な3つの要素が揃います。

　私の講習では、「褒める」ではなく「誉める」という漢字を伝えています。その理由は──漢字で覚えていただくことで、視覚イメージになり記憶に残るからです。この漢字で覚えてもらうとみなさん忘れず**「3つ誉める」**ことを覚えてくれます。

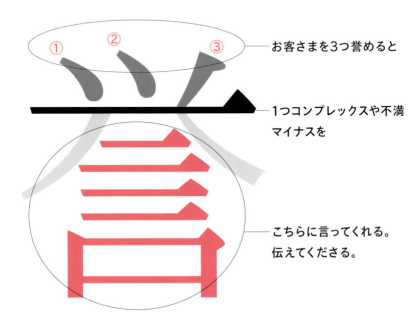

① ② ③ ── お客さまを3つ誉めると

── 1つコンプレックスや不満マイナスを

── こちらに言ってくれる。伝えてくださる。

相手のことを3つ誉めると
1つマイナスを話してくれる
そこからライフスタイルに関わる質問をする

　新規のお客さまAさんがご来店されました。

誉める①　「先ほど、受付でコートを着ていらっしゃるAさんのお姿を拝見しました！白がとてもよくお似合いでしたね！」

誉める②　「手がお綺麗でネイルのデザインも素敵ですね」

誉める③　「Aさんのお肌は透き通るような美しさですね」

　連続して3つ「誉める」。

　人（特に日本人）は連続で誉められると、恥ずかしくなり、「そんなことはないのよ」と謙遜しあえて自分からマイナスやコンプレックス、本当の自分の気持ちを言いたくなる衝動に駆られます。

Aさん　「忙しくて、最近自分に手がかけられなくてなかなかできないこともあるのよ…」

　Aさんは3つ誉められたことによって、マイナスのことを言いたくなるのです。その受け取った言葉から瞬時にライフスタイルに関わる質問につなげます。

美容師　「どんなことでお忙しいんですか？」

Aさん①　「最近、仕事で部署が変わって忙しくて…」

美容師　「どんなお仕事をしていらっしゃるのですか？」

お客さまとの会話が広がり「ライフスタイル」に関わる質問がスムーズにできるようになる"誉める技術"です。

ライフスタイルに関わる質問をすることでお客さまの大切にしていることや価値観、環境をスムーズに知ることができ、その後のサロンワークの中の会話が充実しヘアスタイル提案の糸口やヒントも見つけ出せます。
「誉める」ことを通して**「お客さまのライフスタイルを知る」**というゴールイメージをしっかり持ち、目的を持って人を**「誉める」**ことで意味のない会話がなくなり、お客さまに有益な情報を提供できる真のプロとなります。

「誉める」の習慣化を

　誉めることは、お客さまとの会話の糸口をつくるコミュニケーションです。
　誉めることは、技術です。技術、トレーニングすれば誰にでも身につくものです。日々くり返し**「誉めること」**を行ない習慣化しましょう。

誉めるトレーニング

> 「誉めること」は練習で上達する

トレーニング 1

お客さまの何を誉めるか考えます。

トレーニング 2

誉める事柄を書く「ネタ帳」を事前につくります。

トレーニング 3

ご来店いただいてから5分以内に、目的を持って3つ誉めます。

トレーニング 4

誉めた結果、どうなったのかを書き込みます。

コミュニケーションスキルをアップさせるトレーニング5

誉める＝感謝

　例えばある会社で毎朝、事務職の社員がコーヒーを入れ、社長の机に必ずコーヒーが出てきます。これを社長が「毎日コーヒーが出てくるのが当たり前」と思っていたら社長はコーヒーがないときに「どうして今日はないんだ？」と叱るかもしれません。

　家庭で支えてくれているご家族が、洗濯したあなたの洋服をクローゼットに片付けてくれる。このことを当たり前だと思っていたら、着ようと思う服がなかったときに「なんでないの？」と怒るかもしれません。

　これらは、すべて誰かがしてくれたことによって自分の毎日が成り立っていることを「忘れる」もしくは「気づかない」から怒ったりイライラしてしまう現象です。

　サロンでも、同じです。サロンワークの準備や用意をしてくれるスタッフがいるから、あなたの仕事が成り立っている。そう思えば、必ず感謝の気持ちが生まれます。その気持ちを表現することが「誉めること」でもあるのです。

　当たり前のことを当たり前だと思わない。当たり前のことに感謝する。それがポイントです。

「いつも、おいしいコーヒーを出してくれてありがとう。

このコーヒーを飲まないと1日が始まらないよ」
「いつもクリーニングに出してくれてありがとう。気持ちよく洋服を着ることができているよ」
「いつも○○さんの笑顔を見るだけでやる気になるよ」
「いつも準備してくれてありがとう。本当に助かっているよ」

誉める達人になる!

◆相手の価値を認める
◆相手の存在を大事にする
◆相手がいてくれるから自分があることを感謝する

　この気持ちを持ち続けることは**「誉める」**を習慣化する上でとても大切です。

　今、あなたのそばには、誉めるポイントがたくさん落ちています。

　あなたは最近、誰かに誉められましたか？
　あなたは最近、誰かを誉めましたか？

　普段から誉められていないと誰かを誉めることもできません。

　誉めることをスタッフ全員ができるようになれば自然と、お客さまのことまで誉めることができます。こうなればサロンの空気はよくなっていきます。

　それが、お客さまが感じる**「雰囲気」**の良し悪しにリンクしてくるのです。

誉めるトレーニング

あなたの周囲にいる3人のよいところを5つずつ書き出しましょう。

> 周囲の人の「よいところ」を書き出してみよう

トレーニング 1 （　　　　　）さんのよいところ

1.
2.
3.
4.
5.

トレーニング 2 （　　　　　）さんのよいところ

1.
2.
3.
4.
5.

トレーニング 3 （　　　　　）さんのよいところ

1.
2.
3.
4.
5.

どんな言葉で誉めますか？　具体的な誉め言葉を考えてください。

観察力をもっと磨こう

　人を誉めるためには、あなた自身が観察力を磨くことが欠かせません。相手を見ていなければ、誉めることができないからです。相手のよいところを見つける力・探す力が必要です。

　日常的にあなたの周囲にいる方や、ご来店されるお客さまを誉めるには、今よりも前の状態（昨日、前回など）に関する記憶が不可欠です。

　観察とは、興味を持つことです。人は、自分に興味を持ってくれている人がいると、大事にされていると感じて好感を持ちます。好感は、信頼関係への第一歩でもあります。人は、自分が好感を持てない人、好きではない人を信頼しないのです。

　メモをとらずに記憶に頼るのは限界がありますから、カルテなどを活用して、お客さまと話したことなどを記録しておきましょう。

コミュニケーションスキルをアップさせるトレーニング 6

表現力を磨く

　日本人特有の概念として**「口で言わなくても、言葉で表さなくても、伝わる」**という価値観があります。**「当たり前」「常識」「普通」**といった感覚です。

　しかし、価値観が多様化した今、**「普通」**とか**「当たり前」**といった従来の感覚が通用しづらくなっています。

　英語には、1つの単語でも多様な意味があります。

　英語は、その単語の伝える力に頼るのではなく、表情や身振り、手振りのアクションによって表現を豊かにしています。日本人はもともと、その表現を豊かにすることが得意ではないので、日本語には自分の感情や気持ちを表すボキャブラリー（語彙、言葉、表現）がたくさんあります。

　自分のボキャブラリーを増やすことで、表現力が磨かれ、相手にヒットする言葉・相手の心に残る言葉を伝えることができます。自分の気持ちを伝えるために**「表現力を磨く」**のです。

「誉める」言葉のボキャブラリー あなたはどのくらい持っていますか?

「目の前にいる人を1分間、誉め続けてください」

　セミナー中にお願いすると、相手を誉めるポイントが20個くらいすぐに見つかるだろうと私は思うのですが、普段から人を誉めていない人は、なかなか誉めるポイントを見つけることができず、同じ単語ばかり使ってしまうことがあります。

「靴、かわいいですね」「〇〇かわいいですよね」…。

　これでは、言われた側は義務的、形式的に感じ、お世辞のような印象を受けます。

　スタッフやお客さまに対しても同じ言葉で誉め続けたら、**「誰にでも言っているんだろうな」**と挨拶レベルの言葉ととらえ、あなたの言葉は相手の心をスルーし、人間関係の構築には結びつきません。

　誉めることを技術として、相手の心に届く言葉を発するトレーニングをしていただきたいと思います。

ボキャブラリー＝言葉の数を増やし表現力につなげよう

　例えば「LOVE」という英単語には、幅広い意味があります。

　慈悲、敬愛、情け、愉快な人、夢中、心を奪われる、喜び、きれいなもの、大事にする、恵む、かわいい…ひとつの単語の意味を知る、その言葉の奥深さを知るだけでも、自分の使う言葉の表現力は広がっていきます。

　洋画を観ていたときに、言葉として単語を比較的拾いやすい（聞き取りやすい）「LOVE」が、どのように翻訳されているか？　そのシーンで表しているのはどんな情景か、を考えるだけでも、表現力を鍛えるトレーニングにつながります。

　言葉のプロである翻訳家たちが、決められた画面の中の文字数に役者の感情表現を取り入れるのですから、それを知るだけでも語彙（言葉の数）は増えるのです。

　テレビ番組も字幕が出る設定で観ると、タレントがどのような言葉をつかって表現しているのかを学ぶことができます。

　映画やテレビから「この表現、いいな」と思ったものをメモに取り、自分専用のボキャブラリーノートに記録していくことも、表現力がアップするトレーニングになります。

誉めるボキャブラリーを増やすトレーニング

◇字幕スーパー付きの洋画をDVDで鑑賞

1回目：いつも通り鑑賞
2回目：字幕を意識しながら鑑賞

　言葉を扱うプロである翻訳家が単語、言葉をどんな日本語で翻訳し表しているか。

　注意深く観察すると、役者さんの表情や雰囲気も含めて言葉に変換、翻訳しています。意識して観ると「きれいな日本語だな、美しい表現だな」と感じたり、普段自分が使わない言葉を知ることに意識すると表現力が広がり、語彙が増えていきます。

　実際に映画を鑑賞し、「いいな」と感じた言葉を下部に記入してみましょう。

コミュニケーションスキルをアップさせるトレーニング 7

相手の心地よいツボを探す技術

　相手の心地よいツボを探すとは、相手の心にヒットする言葉を見つけることです。
　ボキャブラリーと表現力のバリエーションが増えると、相手の心に響く言葉を相手に届けられるように成長していきます。
　表現力のバリエーションを増やす理由は、いつも同じ言葉で誉めていると相手によってはその言葉がヒットしない（相手に響かない）ことがあるからです。同じ誉め言葉ばかりでは**「本当にそう思っているの？」**と思われてしまいがちです。
　"誉める＝相手の印象に残ること"が重要なのです。

気をつけたいのは誉め言葉にならない場合

　若い人に「若いね〜」と言っても、相手にヒットする誉め言葉にはなりません。
　「若いね〜」と言われて嬉しい世代の人にとっては、

ご自身が言われたい誉め言葉なので、ついつい人に対して使ってしまいやすいフレーズです。けれども、実際の若い人にとって、若いことは当たり前で、誉められることでもなく、心に留まらない＝ヒットしないのです。

　その人が**「大人になりたい」「大人に見られたい」**と思っていたら、**「大人っぽく見えるね」**のほうが誉め言葉になります。これが、価値観の違いです。

　下記3つは、日本人には嬉しいと感じる誉め言葉かもしれませんが、海外の方には受け入れられない「ヒットしない」ケースです。

①**「顔が小さい」**→「顔が小さいとは脳も小さいということ？　私を『バカ』だと言いたいの？」と受けとれることがあります。

②**「鼻が高い」**→鼻が大きいと言われているように受けとられてしまい喜ばれません。鼻が高いことにコンプレックスを持っている人も多いのです。

③**「肌が白い」**→あなたは不健康ね、と言われているように聞こえてしまう場合があります。

　…これらは極端な例ですが、人それぞれの価値観がある中で言葉に対するイメージやフィルターが異なるために誤解を招くこともあるわけです。

　自分が言われて嬉しい言葉だから相手も喜ぶだろう、というのは早計です。誉めているつもりで伝えても、相手の心に留まらない、ヒットしない——そのような状況では、誉めていることにはなりません。

表現の幅を広げる目のつけどころとは

◇「美人」を別の言葉に変えて表現してみましょう。

「本当に目がきれいですよね。吸い込まれそうです…」
「首筋がすごく女性らしいですよね。見惚れてしまいます…」
「あごのラインが繊細でお美しいですね。何か特別なお手入れをされているのですか？」

――「美人」という大きな枠ではなくパーツを誉めると上記のように表現の幅が広がります。

1 あなたがお客さまによく使う誉め言葉を
表現方法を変えて伝える準備をしましょう。

2 誉めるためのボキャブラリーを増やしましょう。
誉める単語を書き出してみましょう。

3 どんな言葉がヒットするのかを知るために、
1人のスタッフにつき20個、誉めてみましょう。
誉め終わったら、相手にどの言葉がヒットしたか、
最も嬉しかった言葉は何かを聴いてみましょう。

信頼関係への第一歩

「お客さまのジャケット、素敵ですね」
「お客さまの靴、本当にカッコいいですね」

　これらのフレーズは一見、誉め言葉のように感じます。しかし、実はそのお客さまを誉めているわけではありません。厳密に言えば、そのジャケットをつくった人や、靴をつくった人を誉めていることになってしまいます。

　ポイントは、ジャケットや靴そのものではなく、ジャケットが似合っているお客さま、あるいは靴と洋服をコーディネイトしたお客さまのセンスを誉めることです。ここで初めて、そのお客さまご自身を誉めていることになります。

　こうして誉めることによって、あなたはお客さまの印象に残る美容師に近づいていきます。極論を言えば、誉めることは"手段"なのです。

・自分のことを分かってくれている美容師
・ちゃんと見てくれている美容師
・信頼できる美容師

　誉めるには下記の技術が含まれています。

・人にエネルギーを与える技術
・人に幸せを運ぶ技術
・信頼関係を築く技術

コミュニケーションスキルをアップさせるトレーニング 8

優秀な経営者や美容師に共通する能力はコレだ

　カリスマと呼ばれるような経営者やトップクラスの営業マン、指名が絶えないトップスタイリストたちの行動をつぶさに観察していくと、ある共通点が浮かび上がります。それは、ほぼ全員が**「誉める達人」**であることです。

　例えば、パナソニックの創業者として知られる松下幸之助さん。実家が商売に失敗して貧しい暮らしを余儀なくされ、小学校を4年で中退して丁稚奉公に出たことは有名です。苦労に苦労を重ね、会社（現在のパナソニック）を設立した後も、大卒の部下たちに**「ちょっと教えてくれ」**と仕事のやり方を教えてもらい、どんなことにも感動し、相手を尊敬し、部下を誉めたそうです。だから、部下たちは**「もっともっと社長に教えたい」**と思った、といいます。人望を集める、人を動かすというのはこういうことを指すのでしょう。

　このように、お手本となるような"誉める達人"を見つけて、真似してみましょう。最初は真似であっても、次第にあなただけのオリジナリティあふれる"誉め"ができるようになっていきます。たとえば、スタッフの方々

の離職率が低く、サロンがいつも繁盛している経営者の方やお客さまの支持率が高く、個人売上も高いスタイリスト。この方たちを客観的に観察してみると誉めることが得意で自然にできています。相手の変化に気づき、相手の心理状態や様子を察する能力に長けているのです。

小さな変化に気づく
小さなことを誉める

　私のオフィスには、毎日のように美容室経営者の方々が打ち合わせ等で足を運んでくださいます。

　中には、現在もオーナースタイリストとしてお客さまから多くの支持を集めている方やこれまでに爆発的な売上を記録したサロン経営者が大勢いらっしゃいます。

　こうした皆さんの共通点として挙げられるのも、小さな変化に気づき、小さなことを誉めることなのです。

　お出ししたコーヒーに「いつも本当においしいコーヒーですよね」。片隅に飾ってあるお花に「いつも飾ってあるお花がきれいですね」などなど――。

　普段から常にお客さまとスタッフへの目くばりと気くばりができていて、目に映るものに敏感で変化をキャッチする能力が高いために、誉める能力も高いのでしょう。

　そのような方のそばで、常に誉め言葉のシャワーを浴びている人は、その人自身も自然と誉め言葉が出てくるようになるのです。

誉める技術　5つのポイント

POINT 1 観察力を磨く
誉めるためには、まず、
相手をよく見ていなくてはなりません

POINT 2 表現力を磨く
誉めるためには、言葉の表現力と、
ボキャブラリーを豊かにしなくてはなりません

POINT 3 相手にとって心地よい、誉めるツボを見つける
相手にヒットする、誉め言葉を探しましょう

POINT 4 誉める達人の真似をする
誉めることが嫌みなく、自然にできる人を見つけ、
ロールモデルとして真似しましょう

POINT 5 「誉める」を習慣化した環境をつくる
ポジティブな言葉があふれる環境にいる人は、
育ちます。「誉める」を習慣化した
職場環境をつくりましょう

コミュニケーションスキルをアップさせるトレーニング 9

恐るべし！　第一印象の力

　人は、初対面の人に会った瞬間に五感を使って、目の前の人が自分にとっていい人か悪い人か、好きか嫌いかを瞬時に判断すると言われています。

　心理学では「**最初に出会った印象・3秒間が、その人との48時間を決める**」と定義しています。つまり、最初に会った瞬間の印象がとても大切です。

　わずか3秒間の第一印象が48時間変わらない。その印象が相手の脳裏のどこかに残る――出会った瞬間に**「この美容師さん、優しそうだな」**と感じていただいた印象は、サロン滞在中、よい意味で"消えない"のです。

　お客さまに限った話ではありません。入社してきた新人スタッフから好印象を持ってもらえれば、1日8時間を一緒に過ごすとして、1週間は好印象が消えない――つまり、最初がとても肝心なのです。

　話は変わりますが、結婚相手を決めるときに**「出会った瞬間に雷が落ちた」**という表現や、**「初めて会った瞬間に、きっとこの人と結婚すると感じた」**とか、このような表現が使われるケースは少なくありません。これは、まさに**「最初の3秒の力」**です。

マイナスの印象を与えないためには

　意識して第一印象を創り上げることは、とても重要です。

　サロンの場合、人＝スタッフ（ソフト）に対しての第一印象だけでなく、店舗（ハード）に対しても同様です。お店に入った瞬間に、素敵だな、空気がいいな、と感じてもらえたら、その印象は48時間消えることがありません。

　サロンの受付の棚の下に、ごみが見えたとします。あるいは、展示されている商品や、インテリアの置物の上に埃（ほこり）があったとします。そんな情景を目にしたお客さまは、**「このお店は細部にまで気持ちが行き届いていないな」「きっと仕事も雑だろうな」**——そんな印象を与えてしまうと、なかなか払拭できないわけです。"雑"というのは、美を売るプロに対する不信感につながるキーワードなのです。

　マイナスの印象をプラスに変えていくには、かなりの努力とエネルギーが必要です。お客さまはマイナスのフィルターを通してサロンを見ているので、なんとなく不満足なことが起きた場合でも**「やっぱりな…」**と思われてしまうのです。マイナス加点といって、マイナスを探す目になってしまっているかもしれません。

BAD

★マイナスの第一印象「ごみが落ちていた…」
スタッフ登場「スタッフのシャツ、少し汚れがあるな…」
カウンセリング開始「ヒゲも清潔感がないな…」

　逆に、プラスの印象を与えることができていれば、その印象の効果が続きます。

　プラス加点からのスタートなので、たとえ不満足なことがあっても、プラスとマイナスでゼロになったり（決してマイナスまでは行かない）よいところを探すフィルターになっているため、マイナスを拾わない心理状態になっています。プラスのことがあったときに、プラスを「やっぱりな！」と強化してくださるのです。

GOOD

★プラスの第一印象「素敵なお店だな」
スタッフ登場「シャツとパンツのバランス、さすが美容師さん、おしゃれで素敵」
カウンセリング開始「目が真剣で素敵。いいヘアスタイルつくってくれそう」

サロンの印象　あなたの印象

下記の質問に答えてください。

1　第一印象（最初の3秒間）をどんな風につくりますか？

2　サロンのコンセプトと、お店の印象は合っていますか？
　　（サロンのコンセプトを書いてみましょう）

※サロンのコンセプトと違う印象を与える要素が見えていないか、チェックしましょう。
- 「美」を売っている→掃除は行き届いているか。
- お客さまに「非日常」を提供→サロン内に生活感を感じさせる要素はないか。
- 上質な接客、上質なサービス→スタッフの服装やヘアスタイルは上質か。

3　あなたの印象はサロンコンセプトに合っていますか？　サロンが舞台だとしたら、あなたという役者は舞台に合っていますか？

答えを記入したら、書いたことを明日からのサロンワークで意識してみてください。行動や言動は、意識することから必ず変わります。

サロンのコンセプトと ブレない印象づくりを

　人は、これまでの経験や環境など、さまざまな要因でその人独自の価値観をつくり上げています。価値観が何もかも全く同じという人は、この世の中に一人も存在しません。

　ただ、自分がつくりたい印象（自分がよいと思うこと、自分が伝えたいこと）を明確にすることで、その価値観を理解してくださる方々が集まってくるものです。自分が伝えたい印象を明確にしておけば、あなたの印象そのものをよいと思う人たちに支持されるようになります。

　サロンのコンセプトが重要なのは、**「こういうお客さまにお越しいただきたい」**というサロンの想いを明確にしておくことで、その想いに合ったお客さまがご来店くださるようになるからです。コンセプトに合わないお客さまや自分の想いとは異なるお客さまに関わるのは、双方にとって幸せなことではないのです。

　さて、これまでにも述べてきました"印象づくり"は、あなた自身の**「あり方」**を知ることにもつながります。

　自分が与えたい印象を明確にして、その印象に共感してくださるお客さまを集めてください。それによって、頑張り過ぎなくていい、模索し続けなくていい、悩まなくていい等身大の自分であり続けることができるようになっていきます。

お客さまから選ばれ続けるようになるためには、お客さまご自身が選びやすいように**「あなたが大事にしていること」「あなたがアピールしたいこと」「あなたの強み」**を表現することが大切です。これができなければ、お客さまにとって、あなたは**「他の美容師」**と一緒になってしまうわけです。

　サロンに置き換えても同様で、コンセプトを明確にしなければ、その他大勢のサロンと一緒にされてしまい、人の印象に残りません。

　"当たり障りない"という言葉がありますが、これは当たりもしなければ、障りもしない、つまりは印象に残らない、と同義なのです。当たり障りないサービスであれば、別にあなたでなくても、他の誰かでもできるものなのです。

　あなたでなくてはならない。あなたに担当してほしい。あなたに会いたい——そう想っていただける、唯一無二の存在になってほしいと心から想っています。

コミュニケーションスキルをアップさせるトレーニング 10

どういう美容師なのか

　前ページまでは、第一印象の重要性について述べさせていただきました。

　ここからは、「人からどう思われたいか」「思われたい印象の自分を創ること」について説明させていただきます。

　心理学では、私たちが人から感じ取ることのできる能力の度合について、

言葉 7％
声のトーン 身ぶり手ぶり 表情 38％
非言語 55％

と考えられています。

　コンビニやファミリーレストランなどで「いらっしゃいませ〜」「ありがとうございました〜」と言われて、すごく歓迎されているな…と感じる人は少ないと思います。

　これは、どんなに言葉でお出迎えの気持ち、感謝の気持ちを伝えても、言葉から伝わるのは7％に過ぎないからです。

　声のトーンや雰囲気で38％を感じ取り残りの55％の

"なんとなく感じる**「空気」**"――こうした部分で、人は判断をしているわけです。

そのため、どれだけ**「言葉そのもの」**に対して意識を高めたり、言葉の使い方を学んだとしても、その言葉を発するときの"空気"や、心の中にある想いの方が、相手に伝わりやすいのです。これらは決して目に見えるものではありませんし、音で聞こえるものでもありません。けれども不思議なことに、人は**「気」**を通して感じ取り、想いや言葉を受け取るものなのです。

なぜ、人は見抜かれるのか

私はかつて心理学を学んでいたとき、教授から自分の髪の毛を触る癖を指摘されたことがありました。

「毛先を指でくるくる回しながら話す癖を直しなさい」

と注意されたのです。

自分では無意識にやっていたこの癖が相手に与える印象は、よく言えば**「女性的」**です。

しかし、心理カウンセラーに**「女性性」**は必要がない。むしろ、それらは邪魔で、無色透明な存在であることが求められクライエントさんが自分自身を映す鏡になることをトレーニングする必要があると指導を受けました。言葉だけではなく、非言語によって与える印象に目を向けていき悪い癖は直し職業イメージに合った印象をつくっていくことはプロとして大切です。

セルフイメージと周囲の目とのギャップ

あなたは、人からどんな風に観られたいのか。

印象形成では、"観られたい自分を創る"のです。

なりたい自分は、仕事ではなくプライベートで創ればいいのです。黒い洋服が好きなら黒を自由に着ればいいのですが**「優しい人だと思われたい」**のに黒を着ているとあなたが周囲から見られたい優しい印象を与えることは難しくなってしまいます。

心理学では、人の成長プロセスを以下のように表します。

《行動変容のプロセス》

気づく → 考える → 行動 → 習慣 → 環境

このように変化していきます。

① まず、現時点での自分の第一印象や第一印象の重要性に**「気づく」**

② 第一印象について**「考える」**

③ どういう印象を与えたいのかを紙に書き、実行する**「行動」**

④ 仕事のときに繰り返しやってみる**「習慣」**

⑤ お客さまやスタッフの態度が変わる**「環境」**の変化

環境(周囲の反応)が変われば、人は自分の成長と変化と第一印象の大切さに気づくはずです。

気づいているからこそ変化させて、修正したり改善することであなたの環境は必ず変わります。このプロセスをくり返し必ず成長していきます。

コミュニケーションスキルをアップさせるトレーニング 11

空気を読まない人が増えた！？

　コミュニケーションにおいて"言葉"そのもので伝わる割合は7％に過ぎないことはすでにお伝えしましたが、だからといって、言葉という存在を無視するわけにはいきません。むしろ7％しかないからこそ言葉を**「どんな気持ちで」「どんな想いで」**相手に伝えるかが重要です。

　日本は、異なる民族や文化の人たちが集まって形成された多民族国家ではなく、基本的には単一民族国家です。そのため価値観が真っ向から異なる、というような"ぶつかり合い"が少ない国民性であると言われます。相手を思いやり、つつましく、謙虚。これらは、日本人ならではの美徳とされているものです。

　こうした背景は、私たちの日常生活、とりわけ対人コミュニケーションにおいて、時としてマイナスに作用する場面があります。

　それは**「普通は、こう思うだろう」「これは常識だろう」**といったあなたの観念を、あなたは**「相手も同じ価値観であるはず」**と思い込んでしまいやすい、ということです。

　空気を読む。察する。気づく——これらのキーワードは、日本人特有の感性であるように見受けられます。

そんな中、気になることがあります。それは、**「空気を読まない人」**が以前よりも増えてきた気がするのです。

　実際、さまざまなタイプの美容師の方々とお話ししていても「相手がどのように感じるか」より「自分がどう感じるか」に重きを置いている人が増えてきたように感じられます。

　そのこと自体が良い、悪いというのではなく**「自分」**を中心に考えたときに、相手にどういう印象を持ってもらいたいか、という観点から考えることが大切なのです。

　今のままの自分は、相手にどう映っているのか。それは、自分が望んだ自分自身のイメージに合致するものなのか。

　あなたの周囲にいる人たちは、あなた自身を映す鏡です。あなたの周囲を見渡せば、今のあなたの立ち位置が分かります。

　あなたが、今の立ち位置に満足していないのであれば、まずはあなた自身が変化する必要があるのです。

　心理学では、世の中に変えられるものが2つ、変えられないものが2つあると言われています。

変えられるものは「自分」と「未来」
変えられないものは「他人」と「過去」

　あなたが変われば、あなたの未来とあなたの周囲（他人）は必ず変わります。

なぜお客さまは予約時間に遅れるのか

「ご予約のお客さまが、よく遅刻してご来店される」。時間にルーズなお客さまにどう対応したらいいのか？
「次回予約をされても当日にキャンセルされる方が多く、予約が安定しない」。どうすればいいのか？

　などのご相談をいただくケースが増えてきました。

　厳しい言い方になってしまいますが、あなたのお客さまが**「あなたに価値を感じていない」**のではないでしょうか？

　指名客が多いトップスタイリストの方たちの仕事を拝見させていただくと、お客さま側が**「この美容師さんに絶対にカットしてほしい」「私の髪に触ってほしい」**という価値を感じていることが伝わってきます。お客さまが**「この美容師さんは予約が取りづらい」「この美容師さんとの時間は貴重」**といった印象を強く持っているため遅刻やキャンセルがほとんど見受けられません。

　渋滞や電車の遅延など、やむを得ない事情で遅れて来られるお客さまも当然いらっしゃいますが、毎回のように遅刻される方が出ないようにするには、「この美容師さんは人気があって忙しい」といった印象や雰囲気づくりを積み重ねていくことが大切だと思います。

なにげない言葉こそ重い

　私が指導したカウンセラーがカウンセリングを終え、玄関でクライエントさん（相談者）をお送りしているときでした。
「また苦しくなったら、いつでも愚痴を吐きに来てくださいね」とクライエントさんに向けて言葉を発しました。
　私はたまたまその言葉を廊下で聞いてしまったのです。お帰りになられたのを確認して、
「クライエントさんの大事なお話を『愚痴』だと思って聴いていたの？　今まで何を学んできたの？」
「"愚痴を吐く"なんて言葉を玄関で無意識に発するのは心の奥底で潜在意識でそう思っているから使うと思う」
「クライエントさんは、私たちに愚痴なんて吐きに来ていない。私たちは、クライエントさんの大事な大切なお悩みを聴かせていただいている。深く、自己を反省しなさい。今日の自分の発言に対してクライエントさんに申し訳ない気持ちを持ちなさい──」と伝えました。
　この日、この言葉を聴いてしまったことは、偶然ではなく必然だったと思います。私たちにとって忘れられない学びの日でした。
　人は思っていないことを言葉にすることはありません。1度、発した言葉は取り消すことができず、自分自身を表す言葉になってしまうと思います。
　自分が発する言葉に耳を傾け、言葉を大切にしてほしいと思います。

コミュニケーションスキルをアップさせるトレーニング 12

お客さまの心を充電する

　印象形成では、言葉が7％、態度が38％、そして非言語が55％であるとお伝えしました。私たちは、非言語の部分から感じ取る力を強く持っているわけです。

　お客さまをサロンにお迎えする美容師の皆さんにとっても、言葉以外のところで「**お客さまを感じ取る**」ことを、日頃から行なっているのではないでしょうか。

　美容室を利用されるお客さまにサロンへ行く動機をお聴きすると「**疲れていて、癒されたい**」「**嫌なことがあり気分転換したい**」「**リフレッシュして気分を変えたい**」と答えてくださる方が多く、「**伸びた髪を切る**」という方も当然いらっしゃいますが、「**気分転換**」や「**ストレス解消**」「**癒し**」を目的とされている方のニーズも多くあります。

　私のカウンセリングルームを訪れるクライエントさんは、最も悩んでいるときはお化粧もできなくて、サロンへ行く余裕もなく悩みと立ち向かうことに必死です。心の状態が良くなり、少しゆとりが生まれると、「**少し気分が良くなったので美容室へ行ってみようかな**」と話される方が多くいらっしゃいます。

つまり、お客さまはストレスがあったり、マイナスの"気"や、心に膿（うみ）がたまっていると、それらのネガティブな要素をサロンで落として、心の充電をしたいと考えている方も多いのです。

　「気分を変えたい、ストレスを解消したい、元気になりたい…」あるいは心のパワーの残量が減っている状態や、心に重い荷物を背負っているような状態…そうしたお客さまを美容師さんが充電することができ、背負っているものを降ろしたり、軽くすることができるようなサロンであったなら、そして、迎え入れる美容師の方たちにそんな力があったなら、お客さまの来店動機＝ニーズとも合致するのです。

　お客さまの心の充電をする技術——この技術はこれからのサロンにとって必須です。繁盛しているサロンには、必ずと言っていいほど、この技術があります。

ネガティブなエネルギーが持つマイナスの影響力

　カウンセリングルームの植木は、枯れます。

　それは、クライエントさんがカウンセリングルームで悩みを話してくださるときに発せられるマイナスの気、マイナスのエネルギーによるものです。これらは、植木が枯れるくらいの"負の力"を持っています。

　家庭でも、夫婦間の仲が悪いと観葉植物がすぐに枯れ

ます。これも、空気が悪いからなのです。

　皆さんも、人からネガティブな話を聞いた後、すごく疲れてしまったり苦しくなった経験があるのではないでしょうか。これは、言葉を発する際のエネルギーによって、マイナスの気をもらってしまうからです。

　「鬱はうつる」という言葉があります。

　職場で1人が鬱になると周囲に伝染することがあります。鬱の人が発するマイナスの気を吸いマイナスの言葉を聴いて自分の身体が蝕まれていくのです。

　私たちの気で、最大のマイナスは「ためいき」です。

　『1日半にわたって「ためいき」をつき続けると鬱になる』という研究結果が発表されたことがあるほど、マイナスの気・言葉・音には、想像以上のネガティブな力が宿っているのです。

　ためいきばかりをつく人が隣にいたら、聞く側も疲れます。マイナスの言葉ばかりを耳にしたりマイナスを発する環境であればあるほど人の体調は悪くなります。

　「自分の発言を一番そばで聞いている人は誰か？」ということです。そう、他でもない自分自身です。

　自分が使う言葉によって自分を元気にすることもできますし不健康になってしまうこともあります。

　よい空気感を創るためには、ポジティブな言葉があふれるサロン環境で、自分自身がプラスの言葉を使うことが大切です。

言葉のエネルギーチェック

　発する言葉にエネルギーがあることは、ご理解いただけたと思います。ここで、簡単な心理テストをしてみたいと思います。

[その1]
「プラスの言葉」連想する言葉を1分間で書いてみてください。

記入：

[その2]
「マイナスな言葉」連想する言葉を1分間で書いてみてください。

記入：

ご自分で書かれた言葉を見てください。プラスの言葉とマイナスの言葉、どちらが多かったでしょうか？

　書かれた言葉を数えてみて、マイナスの言葉が多かった方は、普段からマイナスの言葉を多く発している可能性があります。

　もう1つ観ていただきたいポイントは、マイナスの言葉の中で、本当はよく使っているマイナスの言葉を書いていなかった、ということはありませんか？　普段、無意識に使う言葉です。例えば、

「うっとうしい」「早くしてよ」「何でこんなこともできないの？」
…無意識に使っている言葉こそが怖いのです。

「むかつく」という言葉をよく使っているけど、書いていない。「早くして！」「分かってる？」「何してるの？」といった言葉も使っているのに、書いていない…無意識に使っている言葉に気をつけましょう。

《解答例》

プラス　例：感謝、素晴らしい、優しい、素敵、スタイルがいい、美人、かっこいい、若い、ありがとう、きれい、美しい、おいしい、未来、光、素直、謙虚　など。

マイナス　例：バカ、嫌い、あほ、許せない、怒り、憎しみ、悲しみ、苦しい、遅い、病気、ダメ、イヤだ、赤字、地獄、夢がない、あきらめる、太る、死ぬ　など。

※子どもに同じテストをすると子どもは、書ききれないくらいの言葉を大人とは全く違う発想で書いてくれます。

プラス：太陽、アイスクリーム、ママ、給食、ももちゃん（ペットの名前）　ピンク、100点、ハンバーグ　など。

マイナス：早く何やってるの？、ごめんなさい、うるさい、だまりなさい、まだやってるの？、宿題、勉強、算数、体育　など。

あなたの人生を創るのは あなた自身が発する言葉

　先ほども触れたように、1日中マイナスの言葉を使っている人の話を最も近い場所で聞いている人は誰でしょうか？　スタッフ？　お母さん？　パートナー？
　いいえ、違います。あなた自身です。
　意識して使っている言葉、無意識に使っている言葉で、私たちは自分の人生を創っているのです。「疲れた」ばかり言っていれば疲れた人生になります。「楽しい」「嬉しい」と話していたら幸せな人生になります。
　ここで学んでほしいのは、自分の言葉が持っている傾向です。人は、それぞれ違う価値観を持っています。一番怖いのは、無意識に使っている言葉です。
　まずは、意識して、自分からプラスの言葉を発するようにしましょう。心と身体が元気になっていきます。
　あなたが元気になり、周囲の人にプラスの言葉を発していけばあなたの周りの人たちも同じようにプラスの言葉を使うようになります。
　人は、相手にしてもらったことをします。相手にもらったら、お返しをしたくなる──これを返報性の法則といいます。

コミュニケーションスキルをアップさせるトレーニング 13

クレームの対応も心ひとつで変わる

　私の顧問先の美容室で、お客さまから大きなクレームをいただいてしまったことがありました。

　お客さまのお怒りが非常に大きく、お客さまとお話しすることでスタッフの心が大きく傷ついてしまいそうだったため、私が顧問という立場でお客さまとお電話でお話ししたことがあります。

　お怒りは、以下の内容でした。

　お客さまは「時間外の予約ですけどいいですか？」と電話でスタッフに伝えてから予約の日時を伝えた。

　お客さまはパーティがあるから朝の7時に予約したつもりだったが、その時間にお店へ行ったら、誰もいなかった。サロン側（電話を受けたスタッフ）は、パーティと聞いたので、思い込みで夜の7時のご予約だと勘違いしてしまった…というものです。

　私は、お客さまのお怒りを聴ききった後、

「時間をかけて何度もお伝えくださり、ありがとうございます。そんな風に私たちのサロンのことを想ってくださることに、本当に感謝いたします。お客さまが今回の

経験を惜しみなくお伝えくださったことは私自身がスタッフ教育をしていく上で活かすことができ、本当にありがたく思っています。ありがとうございます」

と、お礼の言葉を連続してお伝えしました。

また、長いことサロンをご愛用いただいていること、ご愛顧いただいていることへの感謝を伝えました。

お客さまは、だんだんとお声が柔らかくなり、最後は**「あなたと話ができて良かった」**と、お礼まで言ってくださり**「またお店に行くわ」**と今もロイヤルカスタマーとしてご来店いただいています。

私がお伝えしたいのは、申し訳ございませんでしたと言葉で謝りながら、心の中で**「クレーマーだな」「怖いな」「いつまで聴かなくちゃいけないのだろう」**などと考えていると、その気持ちが相手に伝わってしまう、ということなんです。

お客さまに申し訳ない気持ちと同時に、私たちのお店のために何度もお電話をくださり、時間を使ってくださって…と思えば、その心は相手に伝わると思うのです。

感謝する心をセルフチェック

[その1] 自分が通ろうと思った通路を座っている人の椅子が邪魔をしていて通ることができません。椅子を引いてくださった相手に対してなんて言いますか。
「すみません」or「ありがとうございます」

[その2] 重い荷物を持っていたら他のスタッフが気づいて持ってくれました。
「ごめんなさい」or「ありがとうございます」
※同じシーンでもなるべくポジティブな言葉を使うようにしましょう

[その3] 普段の生活の中で、あなたは謝ることとお礼を言うことのどちらが多いか、振り返ってみましょう。

記入：

[その4] 日常の中で「ごめんなさい」と伝えやすいシーンでは、「ありがとう」と、お礼を伝えることに変換できるでしょうか？

記入：

[その5] あなたが今まで受けた接客の中でお礼を言われて嬉しかったことはどんなことがありますか？

記入：

[その6] いつも元気な人や"人が集まっている人"が使っている言葉に注目してみてください。プラスや感謝の言葉であふれていませんか？

ジェラシーよりも自己肯定感を

　マイナスの言葉で植木が枯れたり、私たちの心と身体が蝕(むしば)まれるのとは反対に、プラスの言葉や感謝であふれている毎日であれば、私たちの人生は豊かになります。

　心理学の実験では、女性が吐く嫉妬(しっと)の息でネズミが死ぬ、というデータがあります。

　この実験により、女性が吐く嫉妬の息にどのくらいの"負のエネルギー"があるかが判明しました。

　男性の嫉妬や、やきもちの息では、ネズミは死なないそうです。しかし女性の嫉妬の息だけは、強烈な力を持っていて、生き物の命を奪うほどなのです。

　サロンの中でも、嫉妬ややきもち、妬(ねた)みの感情は、結果的に離職率を上げてしまうことにつながります。そのような感情が蔓延(まんえん)しているサロンにいたら、心と身体が不調をきたすのを感じるからです。

　このように嫉妬、やきもち、妬みといった感情は、自分自身を"誰か"や"何か"と比べて劣っていると感じたり、比較することで、自己を保とうとする心理状態から起こります。

　だからこそ、自分でできる方法で、自己肯定感を上げるのです。そして、自分がかけがえのない存在であることを知る（分かっている）ことが大切なのです。

コミュニケーションスキルをアップさせるトレーニング 14

面談やミーティングで相手の心を開きやすく

　人とコミュニケーションをとる際に知っておきたいのが、ペーシングの技術です。

　ペーシングとは、相手にペースを合わせる技術。

　相手の話し方に合わせて話をすると、相手もスムーズに話しやすくなり心を開いてくれるきっかけになります。

　この技術を修得するとお客さまとの間やスタッフ間だけでなくプライベートでも役に立ちます。サロンワークで意識していただき、お客さまとのコミュニケーションが円滑になるように、ぜひとも取り入れていただきたいと思います。

　ペーシングによって話しやすくなると、人は自分の気持ちを相手に伝えやすくなります。人間は自分のことを分かってくれていると思う人に心を開くので短時間で心を開いてもらいやすくなり、早い段階から信頼関係を構築する第一歩になります。

相手が話しやすい シチュエーションを

　スタッフと面談する際に、お互いが座る位置、話を聴く姿勢などを意識したことはありますか？

◇**喫茶店などで向き合って座る場合**

　あなたの後ろは壁、という位置に座ります。相手の意識があなたに集中できる状況をつくることです。人の動きが目に入る位置に座ると、相手はあなたに集中できなくなります。

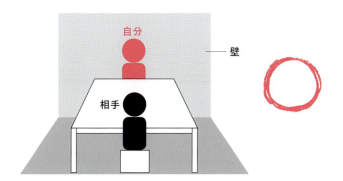

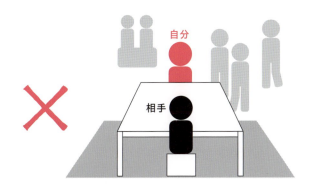

◇喫茶店(その2)

　2人の間に障害物を置かないようにします。この場合の障害物とは、背の高い飲み物(ロンググラス)や、高さのあるメニュー表などです。2人の間の心の障害、壁になってしまいます。

◇喫茶店(その3)

　相手と同じものを注文します。ペーシングの技術です。相手が「アイスコーヒー」と言えば、あなたもアイスコーヒーを頼みます。相手がAランチと言えば、あなたが本当はBランチを食べたくても、Aランチを注文します。これだけでも心理的に相手と近づいた気持ちになり、心を開いてくれるきっかけになります。

◇ **スタッフルームや社内で**

あなたの後ろが窓にならないよう注意します。

窓からの光を浴びる位置に座ると、その人が"大きく"見えてしまうためです。

悩みを打ち明けに来たり、課題解決に向けてアドバイスしようと思っているときに自分を大きく見せてしまうと、相手は委縮して、思っていることを話しづらくなります。

反対に、大きく見せたいときは、逆の効果を使っています。金屏風の前で話すと、偉い人に見えます。社長室の社長の机のうしろに大きな窓があると、光を浴びて社長にオーラがあるように見えます。

相手が、非言語から感じとることに気をつけていけば相手の心を開く技術を身につけていくことができます。意識することからのスタートです。

相手に合わせる技術

> ペーシングの技術を習得するトレーニング

1 相手と目線・目の位置を合わせる

2 声のトーンを合わせる

3 話すスピードを合わせる

4 相づちの早さ、話すときの間を合わせる

5 相手が使う言葉の中で重要なことやポイントだと思うことを繰り返す（要約する）

6 相手が話すときのクセを真似する。身ぶり手ぶりが多い人には自分も手を動かす。相手がボールペンをいじりながら話をしていたら自分もボールペンを持つ。

7 表情をペーシングする。話しているときの表情を合わせ、楽しそうに話していたら自分も楽しそうな表情にする。

盛り上がりすぎた会話を早く終わらせる方法もある

　私は、いろいろなサロンさまへコミュニケーションのチェックに伺います。その際に、離れた場所から見ていても、そのスタイリストさんとお客さまのコミュニケーションがうまくいっているかどうかが、会話が聞こえなくても分かります。

　それは、ペーシングができているかどうかで判断できるからです。お客さまと同じように表情のペーシングができている。お客さまと同じようなペースで会話をしている様子が伝わってくる。2人の間でこのような時間が流れていれば、コミュニケーションがうまくいっています。

　一方、「お客さまとの会話が盛り上がっているときにどう終わらせたらいいか？」という質問を美容師さんからいただくことがあります。これは、ペーシングと逆のことをすると、会話が自然に終わるようになります。

　逆のこととは、例えばゆっくりと話すタイプのお客さまに早く相づちを打ちます。すると、お客さまは話すペースが乱されてしまい、話が終わります。

　高い声で話しているお客さまに低い声で話すと、これも相手が話しにくくなります。話を終わらせたい雰囲気をつくるのではなく、話を自ら終わらせたように持っていくのです。この技術は、プライベートでも非常に役立ちます。

コミュニケーションスキルをアップさせるトレーニング 15

共有する体験

　"コミュニケーション"という言葉の語源を調べると**「コミュニケイト＝共有する」**という意味があります。

　美容師の方たちに「コミュニケーションをとっていますか？」とお聴きすると「スタッフともお客さまともコミュニケーションをとっていますよ」という返事をいただきます。

　しかし、よくよくお聴きしてみると、双方向のコミュニケーションではなく、一方通行のものが多いのです。

　サロンでの朝礼やミーティングなどの様子を見せていただくと、話す人（情報を伝える人）→聞く人（情報を受け取る人）という一方的な関係性での発信になっています。

　つまり、参加型・共有型になっていないのです。

　一方通行のコミュニケーションを繰り返す人は、お客さまに対しても同様になる傾向があります。できれば、コミュニケーション本来の意味を大切にした双方向型で、共有するという**「場」**をつくる必要があります。

共有する空気を知って初めて分かること

　私のセミナーには、グランドルールがあります。

　セミナー中に誰かが発言したり意見が聞こえたら、「必ず拍手をしてください」とお願いしています。発表する人の発言に対して、賛成でも反対でも拍手をするのです。

　これは**「聴こえたよ」「聴いているよ」**というサインの拍手です。

　私が講師として受講者の方々に質問し、発表する人が**「分かりません」**と答えても、会場では大きな拍手が起こります。

　ここで学んでいただきたいのは**「共有する」**という空気なのです。この空気をセミナー中に感じることで、逆に"共有していない空気"も分かるようになるのです。

　美味しいものを食べると、美味しくないものが分かるようになるのと同じです。

　セミナー中に共有体験ができると、サロンに戻った後、何を変えれば"共有する空気になるのか？"が分かるようになるわけです。

　変えるべきは、意識と行動だけです。

共有する力を高めるトレーニング

1 スタッフの話や大切な人の話を何かをしながら聞いていませんか？
   例：子どもの話を聴くとき夕飯の準備をしながら聴いている。
　　　子どもは母親の背中に向かって話をしている。

2 相手との時間を共有するとき
   「今」「ここ」に意識を集中していますか？

3 ミーティングや朝礼は共有できるものになっていると思いますか？

4 話しやすい環境づくり、安心感を与える環境づくりはできていますか？

5 ミーティングや朝礼で、誰かが発言したら拍手をしましょう。
   (　　) 年 (　　) 月 (　　) 日からスタート

6 どのような変化があったか、書き出してみましょう。

記入：

否定しない
何を話してもいい

　共有する空気を創る際に大切なのは、**「安心感」**です。

　私のセミナーでは、参加者の1人ひとりが、何を話しても何を答えても拍手をもらえることで間違えても大丈夫どんなことを伝えてもいい**「発言することが大切」**という心理状態になってもらうことで「場の力」を創り上げます。

　人の反応を心配せず、自分が思ったことをまっすぐに話してくれるようになり共有意識が高まって、その相乗効果で空気がよくなります。その場の力でセミナーの学習効果、吸収率が変わります。

　私たちは普段、自分の発言や発表を相手がどう思うのか、ということを気にし過ぎて自分の想いを伝えられなくなることがあります。

　間違っていたらどうしよう。バカみたいなことを言えないな。できていることだけを伝えていこう——。

　例えばミーティングでは、新人スタッフが思っていることが最もお客さまの感覚に近いかもしれません。だけど**「新人だから」「経験がないから」**などと発言の機会を与えなかったら、お客さまの気持ちを知るという大きなチャンスを逃がす可能性もあります。

　お互いに何を伝えあっても否定しない。何を話してもいいという"場"を創ることは最高の情報収集とお互いの学びそして、メンタルヘルスにつながっていきます。

プロの心理カウンセラーが教える

本物のカウンセリング力を つける方法

ここからは、カウンセリングについて解説していきます。
何のために、どうやって何を話せばいいのか。
その秘訣をお伝えします。

カウンセリングの重要性

　美容師の方々は、カウンセリングの重要性やその技術を習得する必要性が分かっていても自分のスタイルや自己流でやっているのが現状ではないでしょうか。

　美容室において、なぜカウンセリングが必要でかつ重要なのか──それは、**「お客さまを知るため」**です。お客さまの要望や願望は、お客さまの中に存在しています。これを知るには、お客さまのことをお客さま自身から教えていただかなくてはならないからです。

　どれだけ上手なテクニックで、お客さまが輝くヘアスタイル、似合うスタイルを創り上げることができても、お客さまが望むカタチでなければ、お客さまは不満足なのです。

　美容師として必要なカウンセリングは**「お客さまの価値観」「ライフスタイル」「大切にしていること」**を知り、その上にヘアスタイルを創り上げていくものだと思います。

　施術の前にカウンセリングがあります。

　カウンセリングの前に、信頼関係を構築します。

　信頼関係の前に、お客さまの緊張を解く必要があるのです。

　本書の中でお伝えしてきた技術は、すべてお客さまの信頼を得るためのものです。信頼を得ることを前提に、カウンセリングの目的を明確にし、カウンセリング時に情報を得るための技術、**「傾聴」**の方法、受容する力、共感する力、質問する力、提案する力が必要になります。

カウンセリングスキルを アップさせる トレーニング 1

カウンセリングを始める前に

　カウンセリングを始める前の準備が必要です。準備とは、「心構え」よい関係性を創るための土台づくりです。

　お客さまの大切なお話を聴かせていただくには、お客さまとの間に信頼関係を構築されていることが前提となります。信頼関係ができていない状態でカウンセリングし、施術を開始してしまうと、最終的にお客さまが求めているものをご提供できなくなってしまうのです。

　医療で例えるならば、患者の方が飲んでいる薬や病歴を知らずに、いきなり手術するのと同じくらい怖いことです。では、カウンセリングの前に信頼を得るためには、何を大切にすればよいのでしょうか。

　それは、今まで本書で繰り返しお伝えしてきた内容です。

①第一印象

　「出逢った最初の3秒がその後の48時間を決める」

　　――サロンの第一印象、あなたの第一印象

②誉める技術

③緊張を溶かす技術

　信頼していただくために、お客さまの心理をしっかりと受け止めて、向き合うことが求められています。

「YES」が返ってくる会話で良好な関係づくりを

　初めて私のカウンセリングルームへ来られる方を玄関でお出迎えする際、必ず笑顔でお声がけさせていただいていることがあります。

「カウンセリングルーム、分かりにくい場所で…大丈夫でしたか？　どうぞ」

「駐車場は、すぐに止められましたか？　お入りください」

　というように、必ず相手の状況を見て、私自身がクライエントさんの事前情報で記憶していることを伝えます。この"記憶"は予約の際にメールや電話のやり取り等で、クライエントさんの移動手段が電車か車かを確認しているので、私自身が知っている**「情報」**になります。事前にお伺いしていた情報をお伝えすることで**「私はあなたのことを覚えています」**というアプローチをしながら迎え入れているのです。

　そして、相手の状況を知っているからこそ、確実に**「YES」**という反応が返ってくる言葉を投げかけます。これも、技術です。

　この技術には相手に対して2つの心理的効果があり、美容師さんにぜひ、身につけていただきたいです。

　それは、お客さまの心の中に、

①この人は、私が伝えたことを覚えていてくれている→私を大事してくれている→私に興味を持ってくれている

123

→私のことを待っていてくれた、と思っていただくのです。そのために、お出迎えする際にお声かけをしていると言っても過言ではありません。自分の言葉の根底に相手に伝えたい「想い」を必ず乗せているわけです。

②同時にお客さまが必ず「YES」と答えるであろう質問を投げかけます。「YES」を3回以上連続で言ってもらえる質問を事前につくっておき質問します。

このときに、お客さまから「YES」を立て続けにもらうことで、お客さまはあなたに対し「NO」を言うよりも「YES」と言う方が自然という心理状態になります。サロンワーク中の提案も「YES」と言っていただきやすくなります。お客さまがあなたに自然に「YES」と言いたくなる、あなたを肯定し受け入れてくださる関係性を創り上げるのです。

初めてのお客さまの心をつかむ方法・技術として、「誉める技術（3つ誉めると１つのマイナスが出る）」と共に「YESセット（3回以上連続でYESをもらう）」も、身につけておくと大変役に立ちます。これは、コーチングの技術でもあります。

お客さまは当たり前の存在ではない

「いらっしゃいませ」。

この言葉を発する際、声の出し方を意識していますか？

"本当に心からお客さまをお待ちしていました" "お客さまにお越しいただいたことをありがたく思い、感謝しています"

こうした気持ちは、言葉以上に相手へ伝わります。

お客さまにご来店いただくことは、決して当たり前のことではありません。当たり前とだと思っているとお客さまに対して感謝の気持ちが生まれにくいのです。

ご来店は、当たり前ではない——このことを胸に刻み、準備する姿勢は、お客さまに伝わります。

準備が足りないと、不用な緊張につながっていきます。その緊張がお客さまに伝わり、お互いが緊張した状態になると、信頼関係は成立しません。心理学では、緊張はコミュニケーションの弊害であるととらえられています。

そして、第一印象を創るための準備です。最初の3秒は、その後の48時間を決めてしまいます。

すべてのサロンワークに影響を与える、信頼関係の土台構築のために、カウンセリング前の準備が必要であることを心に留めておいていただけたらと思います。

「YESセット」のトレーニング

　「いらっしゃいませ」と最初の挨拶を交わした後、続けて、もしくは挨拶に組み合わせて、お客さまに3回以上連続で「YES」と言っていただける言葉を準備しましょう。

[例：その1]
あなた　「今年の夏も暑くなりましたよね。やっと秋らしくなりましたね」
お客さま　うなずく（YES）

[例：その2]
あなた　「今日は、午前中はバタバタしていて、やっと落ち着いたところで…この時間にご来店いただけて、よかったです」
お客さま　うなずく（YES）

[例：その3]
あなた　「いらっしゃいませ。雨は、大丈夫でしたか?」
お客さま　「はい」（YES）

[例：その4]
あなた　「こんにちは。外はやっぱり暑いですね」
お客さま　「ええ」（YES）

NG例
あなた　「今日のニュースはご覧になりましたか?」
お客さま　「いや、私テレビ見ないから」

というように「NO」という答えが返ってくる可能性がある質問は避けましょう。自分が聞きたい質問ではなく、相手が必ずYESと言ってくださる質問を選ぶのです。

〈YESセット〉

　この「YESセット」の技術は頭で理解していても、慣れるまでは「YES」をもらえる質問が瞬発的には出てきにくいものです。
　そのため、このトレーニングでは「YES」と言っていただける質問を事前に台本にして用意しておきます。自分で書いた質問を暗記して、最初はセリフのように使ってみましょう。
　「確実にYESがもらえる」「ほとんどのお客さまに使うことができる」質問をイメージして10個つくってみてください。

(1)

(2)

(3)

(4)

(5)

(6)

(7)

(8)

(9)

(10)

カウンセリングとコーチングの違い

　カウンセリングとは、悩んでいる人の問題解決に有効的な技術です。
　心の中にあるマイナスを取り出してプラスに変えて心に戻すこと。悩みを一旦心の外に出し、悩みを解決して心に戻します。
　コーチングとは、夢や目標のある人の具体化に有効な技術です。
　心の中にあるプラスにエネルギーを送りそのプラスを大きくすること。心の中に持っている夢や目標をポジティブな言葉でどんどんふくらませていきます。

　上記のような違いがあるため、現在悩みを持っている（心の中がマイナスであふれている）方にはマイナスであふれているので、プラスを探そうとすることは大変なストレスになります。心の中にプラスがなければ、コーチングは有効に働かないのです。
　この場合、先にカウンセリングを行ない、（話をしてもらうこと）で気持ちの整理をする時間が必要になります。

　カウンセリングとコーチングの違いは、気球に例えることができます。
　カウンセリングは、気球が上昇しないように止めている「砂袋」や「ロープ」。
　コーチングは、気球が上昇するために熱で空気を加熱する「バーナー」。
　そして気球の風船は「夢や目標」です。
　気球が上昇する様子＝「夢や目標」を叶えようとするエネルギーです。

　コーチングでは、どんどんプラスの力を送り気球は上昇しようとします。
　しかし、「砂袋」が重く「ロープ」が強く地上とつながっていたら、どれだけの熱を送っても上昇しない、もしくはかなりの熱量がいるわけです。
　気球を上昇させるために必要なことは、「砂袋を捨てる」――地上とつながっているロープを切ることです。これがカウンセリングなのです。
　この気球の絵に例えて、違いを知っておいていただきたい理由があります。
　人の心の中がマイナスであふれていた場合、プラスのエネルギーを相手に送るコーチング技術の関わり方では目標に向かって進んでいく力は出てこない、有効に働かないということです。
　本人の「気球」を上昇させたいと思ったら、まず先にプラスのエネルギー

を相手に送る「コーチング」を行なうのではなく、「砂袋やロープを切る・落とす」＝マイナスを外に出して捨てる「カウンセリング」をしなければ、目標に向かって進めないのです。

　スタッフの成長や目標に向かっていく力を上げたいときは、まず相手の心の「気球は今どんな状態なのか?」をしっかりと確認する必要があります。

■心の状態が「強いロープで地上と繋がっていて、とても上昇できる状態ではない」ならば…
　　悩みや今困っていることを聴き、解決してから目標に向かわせるサポート。
→カウンセリングの技術（問題解決をするサポート）

■心の状態が「砂袋を落とし、すぐに上昇できる状態」ならば…
　　本人のモチベーションがどんどん上がるような話し方をして、本人のプラスのエネルギーに火を注ぎ、自分の力でどんどん目標に向かっていけるようなサポート。
→コーチングの技術（目標達成に向かわせるサポート）

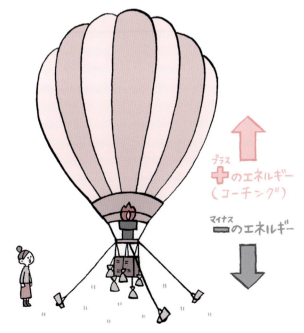

自己肯定感を育てるスタッフ育成
～相手の心の中に「愛情袋」があることをイメージして関わっていく～

　心理学では、私たちの心の中に**「愛情袋（右図）」**という袋があり、その袋に何が入っているかによって、袋から出てくるものが変わる——という考え方があります。袋に入っているものはプラスの感情か？　マイナスの感情か？　ここがポイントです。

　愛情袋の中身がプラスであふれている人は自己肯定感も高く心が満たされている状態です。人からプラスをもらうとプラスで反応することができます。マイナスであふれている人は、自己肯定感が低いので人からプラスの言葉や感情をもらったときもマイナスの反応をしてしまうことがあります。

　人はみんな生まれたときは**「愛情袋」**が空っぽで生まれてきます。だんだん、その愛情袋が両親や周りの人からもらうポジティブな言葉（プラスのエネルギー）で、たまっていき満たされていきます。

　赤ちゃんは初めてハイハイをしたとき、初めて立てたとき**「すごいね！」**と誉められ愛情袋にプラスのエネルギーが充電されていきます。その周りの反応や家族の顔を見て心が充電されて無意識に**「もっと成長しよう」**と思うのです。

　もし、赤ちゃんが生まれたときから歩けたら**「歩ける**

ようになったこと」を誉められはしないはずです。やって当たり前、できて当たり前の環境の中では**「誉める＝愛情袋を満たす言葉」**は生まれません。

　愛情袋の中にプラスのエネルギーがたくさんたまったら、どうなるでしょうか？

　袋から、このプラスのエネルギーがあふれます。自分の愛情袋が満タンになりあふれ出るようになったら初めて、人にあげられるようになるのです。それが成長であり、人と関わり生きていく力を持つことにつながり、自分の**「心が満たされているから人のことを考えられる人になる」**という成長プロセスです。

> [例1]
> 　お客さまからお土産のクッキーを「これ、おいしいよ」と言われて1枚もらったとします。
> 　あなたは、すぐに食べてしまいますよね？
> 　でも、クッキーを100枚もらったらどうでしょうか？
> 　スタッフみんなで分けませんか？

　愛情は、このクッキーと同じで自分がたくさん持っていれば人に分けることができます。自分の分しか持っていなければ、自分で食べてしまいます。

　たくさん愛情を持っていて、あふれるくらいの愛情を受けている人が周りに対しても与えられる人になるのです。
　上司になり部下を持つと、誉めることが大事だと思っていても誉めすぎると「甘やかしになるのではないか？」と思う人も少なくありません。
　それは違います。本人の愛情袋がいっぱいになって、あふれるまでは与え続けることが大事なのです。「**あふれるから人にあげられるようになる**」健全な心の成長プロセスです。
「相手がどう思っているか分からないのかな？」
「お客さまがどうして欲しいのか分からないのかな？」
「こんな当たり前のことなのに…なんで気づかないの？」
　上司や先輩の立場になると、部下や後輩がなぜこちらの気持ちが理解できないのか？　お客さまにもっとこうしてくれないのか？　と感じることがあると思います。

あなたがその気持ちが分かるのは、今までの体験・経験・環境から学んだから、当たり前のレベルが上がっていて、相手のことが分かるだけなのです。そして、あなたが人の気持ちを察したり理解できるのは、ここまでの成長プロセスの中で、あなた自身の愛情袋が満たされ自己肯定感が高く充実した日々を送れているからです。だから相手を想うプラスのエネルギーを与えられる人なのです。

上司や先輩の言っていることを後輩が理解できないのは、経験値が少ないことと愛情袋が満たされていない可能性があります。

まずは後輩の心（愛情袋）からプラスがあふれ出るくらいのエネルギーを送り続けることが大事です。

この袋がいっぱいになると、もう一つ良いことがあります。

袋が強くなり、厚みが出てきます。その強さと厚みが**「大丈夫！私は私だから」「私ならできる！」**と思える人に育っていくのです。

赤ちゃんが失敗を恐れずに立とうとする＝**「自分ならできる！」**と思ってやってみる**「発達心理・行動心理」**と同じです。

このプロセスを理解し根底に**「無条件肯定の愛情」**を持った上で、

①相手の話をよく聴く
②相手に対して自分がどう感じているかをきちんと伝える
③相手のできていること、できたことを一緒に喜ぶ

これが、愛情袋を満たしてあげるためにできることです。

　サロン内でも愛情袋がプラスで満たされていないと、自分からマイナスなことを話して、そこに同調してもらおうとします。マイナスなエネルギーを投げているため、相手から聴く話もネガティブなものが返ってきているのに人は愛情袋が空っぽではいられないので、マイナスなものでもいいから愛情袋の中に入れて心を満たそうとします。ここから悪循環が始まります。

　マイナスなものが袋にたくさん入ってくると、たとえ人からプラスをもらってもマイナスなものしか返せないようになります。袋からマイナスがあふれ出てくるのです。

　マイナスであふれていると、目に見える状態としては、まず笑顔が出なくなります。愛情袋の中にプラスが入っておらず、枯れているからです。

　愛情袋がマイナスであふれているときの代表的な例は、思春期の子どもの状態です。皆さんにも経験があるかもしれないので、例を出してみます。

[例2]

お母さん：「今日の夕飯どうするの？」（プラスの言葉）と声かけたのに

思春期の子ども：「うるせー。関係ねぇだろう」（マイナスの言葉）で返してくる。

これは、袋に入った言葉がプラスでも愛情袋の中がマイナスであふれているため、マイナスで返してくるわけです。思春期の子どもの心はいろいろな問題であふれていて、マイナスで埋まっている状態だと周りの優しい声かけにプラスで返せなくなります。

　相手からマイナスばかり返ってくると、プラスを投げたほうは嫌になり、関わることを避けたくなります。しかし、これは悪循環です。マイナスが返ってきてもプラスを投げ続けることによって、心の中のマイナスがプラスの力で差し引きゼロになり、マイナスが消えていきます。
　マイナスが消えていくまでプラスを投げ続ければ、必ず**「プラスをもらえば、プラスで返す」**という健全な心の状態になります。

[例3]
「サロンの新人スタッフが朝スタッフルームに入ってきても、うなずくだけで挨拶しない。挨拶しても無視されるから、こちらも挨拶する気になれない」
　これは[例2]で書いたことと同じで、この新人スタッフの今の心の状態（愛情袋の中身）を観ると、社会人になったストレス・自分と年齢が離れている人との関わり方で悩む・覚える仕事が山積みというマイナスであふれているので、小さなプラスに反応するというポジティブな言葉に心が追いつかない状態です。

では、どのように愛情袋を満たしていけばいいのでしょうか？

それは自己肯定感を上げることです。愛情袋をプラスであふれさせるためにはまず自己肯定感を高める必要があるのです。

『自己肯定感』＝「自分なら大丈夫！」「自分にはできる！」という自己を肯定する気持ちです。

◇自己肯定感を育てるには

①誉めること
②感謝の気持ちを伝えること
③認めること

お客さまに対しても、このプラスのエネルギーをぜひ投げてほしいです。お客さまは**「ちょっと疲れたから美容室に気分転換に行こうかな」**と思っている方も多くいらっしゃいます。そのお客さまの心の中（愛情袋）は、マイナスでいっぱいの可能性もあります。

あなたが何かを話しても不愛想だったり、心に余裕がなかったり——そんなお客さまに対してはプラスのエネルギーを投げ続けることで、返ってくるものが少しずつ変わる可能性があります。1つ2つのプラスの言葉で、マイナスの反応が返ってきたからといって、あきらめるのではなく、サロンワーク中に少しでも**「自分の力でこのお客さまにプラスのエネルギーを送ろう！」**と努力するのです。

なぜなら、お客さまがあなたに対して送ったマイナスの感情は、あなたに対してではなく、お客さまの普段の生活の中で受けているストレスの可能性が高く、あなたが愛情袋を少しでも満たしてあげられれば、帰宅されてからお客さまが周りの方へ愛情（プラスのエネルギー）を送れるようになるかもしれません、そして、それが**「あなたに会うと元気になる・また会いたい」**と思ってもらえることにつながり、いつかあなたにも返ってくる可能性があります。コミュニケーションはあきらめないことが大切です。

【愛情袋・ポイント】
①目の前の人の愛情袋の中の状態を想像し、自分にできることをあきらめないでやり続ける。
② 相手から受けたマイナスはもしかしたら自分のせいではなく、相手の問題かもしれないということを理解する。そう思っていれば、自分が受けたマイナスもそのまま受け止めなくてよくなる。自分にマイナスのエネルギーが入ってこなくなる。
③相手の愛情袋をいつもプラスでいっぱいにできる自分になれるよう、自分の心の状態がプラスのエネルギーであふれるようにセルフケアを大切にする。

　愛情袋から愛があふれないと、人にあげることはできない！　自分を大切にすることが一番大切！　ということを覚えておいてほしいです。

カウンセリングスキルを アップさせる トレーニング 2

カウンセリングのスタートは来店動機と悩みを聴く

　ご来店から、カウンセリング開始前までの時点で、お客さま自身があなたに「マイナスのこと（ネガティブなこと）を打ち明けてもよい！」という信頼が構築されていることを前提に、ここからのお話を進めていきます。

　すでに信頼があるため、あなたはお客さまにマイナスのことを聴くことができる状態になっています。

　カウンセリングとは、前ページでお伝えしたように、マイナスを聴く技術です。別の観点から見れば、マイナスを聴けないカウンセリングは、カウンセリングではないのです。

　お客さまご自身が、あなたに以前に通っていた美容室での不満足などマイナスのことを話してくださったとします。お客さまがサロンで大事にしたい事柄や、お客さまの価値観を教えていただいたのと同じです。

　ここでのカウンセリングの目的は、お客さまがあなたと話しながら、ご希望が叶う予感によって安心していただくことです。

　お客さまと共に歩む、サロンを舞台とするならば、ス

テージが始まる前のワクワク感は施術前の準備で決まります。美容師の皆さんは、舞台に立つ役者です。今から始まる舞台にワクワクしていただきたいのです。

お客さまの価値観

　セミナーの中で、美容師さんにお客さまの価値観を知るためには**「お客さまが今までに行かれた美容室で嫌だったこと」「嬉しかったこと」**をお聴きしてほしいとお伝えしています。

[例：その1]
以前通っていた美容室は、何度か行くうちに、だんだん待たされるようになってきた。時間がかかって、いやだった。

[例：その2]
ずっと同じ美容室を利用していたけれど、シャンプーを担当するスタッフが無愛想で、いやになった。

[例：その3]
初めて行ったときは、カットとパーマで1万6千円だった。2回目に行くと、同じメニューなのに、何の説明もなく1万9千円だった。すごく不信感を持った。

　このようなお客さまの「嫌だったこと」の価値観から美容師さん側が気をつけたいのは、

［その1］「時間」スピードの意識を持って時間に気をつけよう

［その2］「接客態度」自分だけでなく、アシスタントにも、接客の際に気を抜かないように伝えよう

［その3］「料金」きちんと値段の説明をしよう

　お客さまが大事にされている価値観を知り細心の注意を払うことです。お客さまそれぞれに合わせた気づかいのポイントを知ります。

　私はカウンセリング中、クライエントさんが最初に発した言葉を必ずメモするようにしています。最初の無意識な一言がクライエントさんの価値観や状態を表す最も大切な言葉の可能性が高いからです。

　お客さまは、私たちにご自身の大切な想いや価値観を伝えてくださっているのです。

　そのサインを見落とさず、会話の中の言葉から感じ取って理解すれば、お客さまが求めているストライクゾーンから外れることはないのです。

価値観のチェックポイント

- ★ お客さまの来店動機を聴く
- ★ どんな言葉で聴くか事前にセリフを考える
- ★ お客さまの来店動機を書き留める（覚えておく）
- ★ 来店動機から、そのお客さまが大事にされている価値観をキーワードで見つける

競合店について教えてくれるのは

　来店動機は、今後のサロンの戦略に必ず使えるものです。

　お客さまご自身の情報をお聴きして、そのお客さまにご満足を提供する情報や価値観を得ることだけにとどまりません。お客さまは、あなたのお店を選んだのではなく＝**「他のお店を選ばなかった」**という考え方が重要なポイントです。

　全国に約23万軒の美容室がある中で、あなたのサロンを選び、目の前に座っていらっしゃるということは、他の22万9999軒を選ばなかった。この事実は奇跡なのです。

　ほとんどのお客さまは、今までの人生でいろいろなサロンへ行った経験があります。他のサロンで満足していないから、もっと自分に合う美容室はないかな？と満足を求めて、あなたのサロンを訪れているのです。

　お客さまが今までのサロンで満足されていれば、他店に浮気するはずがありません。

　新規のお客さまは他店（競合店やライバル店）が失客した人。そのお客さまに、カウンセリングをしているのです。ライバル店には、将来の自社サロンの顧客が隠れているのかもしれません。

　とにもかくにも、自店での失客がないように、不満足要因を徹底し改善していかなければなりません。

　競合店を知り、競合店以上のサービスをする。競合店のことを教えてくださるのは、お客さまなのです。

カウンセリングスキルをアップさせるトレーニング 3

いかに専門用語を使わずにお客さまに分かる言葉を使えるか

　お客さまの悩みをお聴きすると、美容師の方はアドバイスをしたくなることでしょう。

　このときに、お客さまが心を開いてくれているにも関わらず、プロの専門用語を使ってしまうと、せっかくのページングも壊れてしまいます。

　あくまでも、相手と同じ言葉を使うことがペーシングの基本です。

「トリートメントは、どういう風に髪の毛によいのか？」
「このパーマは、なぜ髪が傷まないのか？」
「このヘアカラーは、どんな色になるのか？」

　こうした説明をする際に、ふと使ってしまう専門用語がお客さまに伝わらないのです。そして、分かりやすく伝えなければ、お客さまは「分からないことを分からない」と言えません。

　美容師の方たちの間では当たり前の常識を、お客さまの前でも当たり前のように話してしまうと、お客さまの中には本当は分かっていないのに分かったふりをして、聞き流してしまう方が多くいらっしゃいます。

こうした小さな行き違いが、ヘアスタイルが仕上がったときのイメージの不一致や、不満足へつながってしまうのです。

　例えばヘアカラーの際に、カラーの色味やチャート表を見せていただいても、ピンと来ないお客さまがいらっしゃるのではないでしょうか。また色味が**「ピンク」**だとか**「パープル」**と言われても、その色にするわけでもなく、**「どんな色がお好きですか？」**と質問されても、答えようがないわけです。

　私は美容業界で仕事をするまで、毛量という言葉を平仮名「もうりょう」でしかイメージできず「毛量＝毛の量」とは分からなかったのです。

　また「ハチが張っている」とよく言われますがそこのボリュームが出やすいことも知りませんでした。

　中学生の男の子が美容室で**「もみあげどうしますか？」**と美容師さんに聞かれ、**「揉んどいてください」**と答えた…こんなエピソードは山ほどあります。

　お客さまの目線では、美容師さんという存在はご自身が考えている以上におしゃれでカッコよく、きれいで、素人のお客さまはついつい緊張してしまうものなのです。

　サロンも素敵で、ちょっと背伸びをした自分が非日常を味わう場所…そんな気持ちを持っているお客さまを、どうかガッカリさせないでほしいと思います。

　お客さまに恥をかかせないことは、とても大切です。専門用語を使わず、誰にでも分かる言葉を使いましょう。

お客さまの目線で見つめ直す

　自店のメニューや施術内容を、お客さまのイメージしやすい言葉で表現してみてください。

[例：その1]
「このパーマをかけるとお客さまの品格が上がる」

[例：その2]
「このヘアカラーをするとモテかわいいイメージになる」

[例：その3]
「このヘッドスパをすると、顔のリフトアップ効果があり若返って見える」

　お客さまがどのような願望を持っているか、必ず確認しお客さまが「こういう風になれたらいいな」と思っていることを、お客さまがわかる言葉であらゆる言葉で表現してください。
　ヘアスタイルの仕上がりイメージを、お客さまが持つイメージで表現すると…

「優しいお母さんの印象になる」
「やわらかい女性の雰囲気になる」「落ち着いた印象を与えられる」
「健康的な女性のイメージになる」「大人っぽい雰囲気になる」
「仕事がデキる営業マンに見られる」

お客さまの分かる言葉・イメージしやすい言葉で、あなたが伝えたいことを表現してみてください。

(1)

(2)

(3)

(4)

(5)

(6)

(7)

(8)

(9)

(10)

※最近ご来店いただいたお客さまをイメージして考えてみましょう。

お客さまのお役に立ちたい その情熱が伝わるとき

　お客さまのイメージを、お客さまご自身が分かりやすいように言語化して伝えるためには、日頃からボキャブラリーや商品知識、美容知識、お客さまのプラスになる知識をたくさん集めておく必要があります。

　そして、集めた知識や情報をお客さまが分かる言葉で伝えられるよう勉強する必要があります。

　このプロセスが、お客さまのことをもっと分かりたいと思っている情熱、お客さまのお役に立つことを伝えたいと努力している姿勢となり、カウンセリングの際に言葉以外の「非言語」の一部として、お客さまに伝わります。その姿勢にお客さまは感動します。

「こんなに私のことをわかってくれているの？」
「私のこんな小さなことまで覚えてくれていたの？」

　感動は準備することで生まれます。感動は創れるのです。

　満足でとどまらず感動を与えられる美容師さんになってほしいと思います。

カウンセリングスキルをアップさせるトレーニング 4

お客さまは何を大切にしているか

　お客さまの価値観を知らなくては、1人ひとりのお客さまの想いや「顧客ニーズに合った提案」、「オーダーメイドのご提案」が難しくなってしまいます。お客さまの価値観を知ることは、非常に大切です。

お客さまが日常生活の中で大事にしていることは？
お客さまが一番輝きたいと思っているステージはどこなのか？
お客さまの心の状態は？

　お客さまに対して、施術内容にプラスワンのメニューをおすすめするときや、店販商品をおすすめする際に、お客さまが大事にされていることは、何なのか——そのポイントを理解した上で、おすすめすることが大切です。
　私が心理カウンセラーとして活動させていただいてきた中で、カウンセリングを受けに来られるクライエントさんの悩みは、以下の4つに分類することができます。これらのうち、1つでも自分の思っている状態と違ったり、バランスを崩すと、人は悩みを持つようになります。

〈人の悩みは、4つに分類される〉
① 時間
② お金
③ 人間関係
④ 健康

『時間もお金もある。人間関係も良い。けれど、病気で入院していたら…』
『時間もあり健康で人間関係も良好。でもお金の問題が…』
　人は、このバランスを崩すことで悩みを持つようになります。大事だから悩む「その人の大事にしているモノ」これこそ、価値観です。
　お客さまが何に重きを置いているのか？
　お客さまの価値観を知り、この4つのポイントにアプローチをかけて価値観の比重を知り、そこからお客さまの求めている答えにたどり着いていくように話を進めていきましょう。
　こうすることで、カウンセリング時の提案で**「私のことを理解してくれている人だ」**と、お客さまの心に刻まれます。
　あなたの価値観とお客さまの価値観は違う──このことを改めて理解しておく必要があります。

状況に応じて女ゴコロは変わる

[例1]「人間関係」に重きを置いている

　子育てに一生懸命な若いママの中には、独身時代にしていたような自分に時間をかける"美に関すること"をお休みしたい、と思っている女性もいます。

女性＝いつもキレイでいたいと思っている

　これは確かに理想ですしマスコミでも"美魔女"など年齢を重ねてもキレイでいることが素晴らしいことのように映し出されています。

　でも、現実の女性たちは、そんな風にキレイでいることを周りから強要され周りが描く理想像を歩み続けることに違和感を感じる時期もあります。

　キレイでいることに疲れたりキレイでいることよりも大事な子育てに夢中な時間。女性でいるよりも母でいる時間を大切に過ごしているお客さまもいらっしゃいます。

　その方に向かって美容師さんの価値観で「**こうすると可愛くなる、若く見える、今のままだと美しい髪が保てない**」——美容師さんが当たり前だと思っているアドバイスをされると、お客さまが「**キレイでいることをちょっとだけお休みしたい！**」と言えない雰囲気をつくってしまうのです。

お客さまが心の中で思っていること。日々の生活の最優先事項――どんなことでも話していただき、そのお話を聴かせていただきましょう。お客さまの大切な価値観を知り、想いの共有によって、そのお客さまだけのスタイルや、心からご満足いただけるスタイルができるのです。

[例2]「お金」

　1か月に自由になるお金、自分のお小遣いが1万円であれば、お客さまが3000円のシャンプーを購入されることは難しいかもしれません。ヘッドスパに5000円払うことが、想像できないかもしれません。でも収入が違えば、お金の価値観も変わっていきます。
　考え方や価値観は、みんな違います。
　しっかりと、お客さまの4つの価値観の優先順位を知ることが重要です。
　お客さまのことを知りたいから、質問するのです。質問をする目的は**「お客さまのことを知る」**ためなのです。

時間か、お金か 人間関係か、健康か

　お客さまにライフスタイルに関わる質問をする際に、お客さまの価値観を知るという目的で、

①時間
②お金
③人間関係
④健康

　これらの4つのポイントを目の前の方から聴き出しやすい質問を考えてみてください。

「今日は、お休みですか？」
「お休みは、何をしていますか？」
「3連休は、どこかにお出かけでしたか？」
「どこに、住んでいるの？」
「職場は、どこですか？」

　このような質問は美容師さん自身が**「何を知りたくて質問しているのか？」**ここを考えることが大切です。
　自分が今、発した質問の向こう側にお客さまのライフスタイルや価値観を知りたいと思って「目的を意識して」話を聴くと、お客さまのことが見えてきます。

そして、目の前のお客さまが知りたい情報を与えられる自分になれるようにインプットをしておくことも大切です。美容師である自分の大切なインプットのために、どんな努力をしていますか？

　自分のお客さまの傾向やタイプを知りお客さまのために書店で話題になっている本を読んだり見ていますか？

　お客さまが興味を持ちそうな近所の飲食店や新しくできたお店をチェックしていますか？

　美や健康に関する話題の場所を訪れていますか？

　サロンワークに必要な最新の情報や美容雑誌に目を通していますか？

　「仕事だ」と思って行なうよりも、大好きなお客さまのお役に立ちたい、この美容の仕事が好きだから勉強したい学びたいと思って行なうと、学びを吸収する情報の質が格段に上がります。

　情報があふれている時代だからこそ、お客さまは自分に合っているものが何なのか見つけられないでいます。

　自分のことをよく理解してくれている人＝信頼できる人から教えてもらった情報なら、お客さまはその情報に感謝し受け入れてくださいます。

　心から、相手を想うこと。その想いは、必ず伝わるのです。

カウンセリングスキルをアップさせるトレーニング5

リピート率が上がらないのは

　　私は講演依頼を受ける際にいろいろなインタビューを受けることがあります。

　『100％リピートする心理カウンセラー』なのはなぜか？と質問されたときに自分が必ずやっていることを考えてみました。

　カウンセラーが当たり前に行なっていること。

　それは、「見立て」と「次回予約」です。

　"次回予約率"なんてフレーズがありますが、そもそも次回予約はなぜ必要なのでしょうか？

　――それは技術者としての責任です。

　カウンセラーであれば、必ずクライエントさんの状態をよい状態へ持っていくために"見立て"をし、今日このカウンセリングルームを出たら、どんな状態になるか？　どうしたらいいか？　をお伝えします。過去の経験からクライエントさんの状態を言い当てることができるのです。美容師さんも同じことができるはずです。そしてカウンセラーはクライエントさんが良好な状態を維持できる期間を責任を持ってお伝えし、次回の予約日時を必ず決めます。

美容師さんであれば、あなたが創った作品の"賞美期限"のことです。施術によって、髪の状態がどのように変化したのか。そして、どうケアしたらいいかなど、今日のお客さまがキレイであり続けるための期間を責任を持ってお伝えするのです。そして賞美期限が切れる日をしっかりお伝えしたら次回予約を決める必要があります。

"見立て"とは 未来を一緒に観ること

　心理カウンセラーは、クライエントさんが今日、このまま帰宅すると、どのような心と身体の状態になるか必ず「見立て」をお伝えします。

　例えば、女性のクライエントさんが初回のカウンセリングで1時間以上、今までのつらかった話をお聴かせくださったとします。

　クライエントさんは脳を最大限にフル活用して記憶を呼び起こし、怒りや悲しみ苦しみを話されます。

　ただ座って話しているように見えますが、すごくお疲れになります。

「今日は、普段使わない部分の脳まで使って、お伝えくださいました。身体は思っている以上にお疲れですし、血糖値が下がって身体が甘いものを欲しがります。例えば帰り道に、お好きなケーキ屋さんでケーキをお求めになり、頑張った自分へのご褒美として、食べてみてくだ

さい。今夜、元気になります。そしていつもより早く眠くなるでしょうから、なるべく早くお休みになるようにしてください」

　当日の夜、私が伝えた通りのことが心身に起こります。「先生が、言った通りのことが起こった！」と信頼してくださり、次回も必ずカウンセリングを受けよう、しっかり分かってくれている。と実感してくださいます。
　美容師さんであれば「**本日のカラーは、1ヶ月半くらいすると〇〇の状態になります。髪の毛の状態は、△△になります。ですからお手入れをこうしていただくと、髪の美しさはこのように保たれますが、1ヶ月経つと限界が出てきます…**」
　このことが本当にお客さまの身に起こったときに、「**言った通りのことが起こった！**」と思い、あなたへの信頼につながります。

　さて、心理カウンセラーとして、私がクライエントさんの"見立て"から次回予約をとる際には、次のようなお話をさせていただいています。
「**本日、帰宅されたらこのような状態になり、今後1週間は、今日のカウンセリングの効果で心が落ち着いていますが、職場の中で10日過ごせば、また同じような思考のパターンが訪れる可能性があります。そのタイミングで大丈夫かどうか、診させていただきたいので10日**

後の7月20日ごろ予約していただけますか？　ご予定はどうですか？」

　これを美容室での次回予約に応用させるとしたら──。
「本日の施術のカラーが、紫外線の影響もあり、色味が変わって、生え際の色と差が出てきてしまうのが45日ほどですので、1か月半後の9月10日ごろのご予定はいかがでしょうか？」
　ここでスケジュールを確認していただくか、しっかりと日付けをお伝えしましょう。
　お客さまに「だいたい1か月後」「2か月後くらい」とアバウトに伝える美容師さんが多いのですが、これではお客さまの記憶に残りません。
　なぜなら、「1ヶ月後」と言われたことは覚えていても、美容室に行った日（今日の日付）を忘れてしまうからです。「人の記憶に残るようにお伝えする」「明確に日付を伝える」ことが「記憶に残る」「約束につながる」ポイントです。

見立てと次回予約のチェックポイント

施術内容ごとに"見立て"をするトークの台本を考えてみてください。

次回予約の際に、きちんと次回の来店のタイミングを〇月×日と日付を必ず伝えるように変えてみてください。

　美容師の方たちは、きちんと"見立て"をしないことで、多くのチャンスを失っていると思います。
　私は心理カウンセラーなので、医療現場の先生方と仕事をすることも多いのですが、医療現場の先生方も必ず"見立て"と次回予約を行なっています。

　美容と医療を比べると、**「見立て＝診察」「施術＝治療・注射など」「店販＝薬」**など、共通する要素が多く、医療ではこれらのどれが欠けても、患者さんの身体を守ることができません。
　身体を守るプロがやっていることを、髪を守るプロも行なっていく必要があると思います。

　美容師さんが、"見立て"と同じくらい大事なことで、チャンスを逃していることに**「髪の履歴を言い当てること」**があります。

美容師さんは、お客さまの髪の状態を見たり、触ったりしているときに、自分の頭の中で「2か月前に、カラーしたな」とか「ホームカラーしてるなぁ」などと、髪の履歴が分かっていると思います。
　その心の声を、口から声に出してお客さまに伝えたほうがいいと思います。
　美容師さんの世界では当たり前のことでも、素人の私は**「美容師さんって、そんなことまで分かるんだ！」**と今まで高度な技術と知識をお持ちの美容師さんたちに多くのことを教えていただき、感動しました。
例えば…
美容師さん：「奥園さん、最近、海外に行かれてました？」
私：「はい、行ってました」
美容師さん：「髪の状態から見て、強い日差しを受けてのダメージだと思いました。日本に比べて海外のホテルの水があまりよくないので、こうやって髪がバサつくようにダメージを受けてしまうことがあるんです…」　これも、髪の履歴を言い当てた一例です。私は**「この美容師さん、すごい！」**と思いました。

> 見立て＝未来を言い当てる
> 髪の履歴＝過去を言い当てる

　私はよく**「心の中が読めるんですか？」**と言われますが心の中を読んでいるのではないのです。言動と行動を

159

観察することで、相手のことが分かるのです。

お客さまに「何でそこまで私の髪の毛のことが分かるんですか？」というお言葉をもらえる美容師さんになっていただきたいと思います。

たくさんの技術の勉強をして、たくさんの知識を持っている皆さんが、それをアウトプット（外に出すこと）をしなければ、知識は知恵に変わりません。もったいないのです。学んだ知識をしっかりと伝えることで、お客さまからの信頼を得てください。

カウンセリングスキルをアップさせるトレーニング6

恐怖と利益

　お客さまに店販商品をすすめたり、新しいメニュー提案をするときに、なんとなく商品説明をしたり、なんとなく勉強したことをお伝えしても、お客さまには響かないことがよくあります。

　それは、お客さまが自分のこととして話をとらえていなかったり、その話自体に興味がないからです。そのような状態だと押し売りをされたような印象を与えてしまうことも少なくありません。

　お客さまの潜在的なニーズを引き出し、自信を持っておすすめする商品やメニュー提案だったとしたら、お客さまが**「自分のことだ」**と思っていただけるように話さなければなりません。せっかくの購入の機会を逃し、お客さまにとっては、今よりもっと美しくなるための情報やチャンスを、説明が悪いがゆえに逃してしまうことになってしまいます。

　美容師さんがお客さまにとって有益な情報だと思えば思うほど、機会損失がないように、自分がお客さまと情報をつなぐ架け橋となれるように伝える技術・提案する技術を、身につける必要があると思います。

人には、モノを買うときの購買心理があります。

その購買心理をかき立てるためには、その話（提案）の中に「**恐怖**」と「**利益**」というキーワードを盛り込むと、お客さまの心が動きます。

お客さまにとっての「恐怖」
お客さまにとっての「利益」

この2点を盛り込み、価値を創造し提案するのです。

ヒット商品に共通すること

売れている商品をひも解いていくと、その商品を売り出す際のアプローチに必ず「恐怖」と「利益」が隠されています。

◆**大ヒット商品「ヘルシア緑茶」**
【恐怖】　あなたはこのままで大丈夫ですか？このまま太ってしまうと、健康にも美容にも良くないですよね？
体脂肪、肥満やコレステロール値、心配ですよね？
【利益】　お茶を飲むだけで、脂肪を代謝する力を高め、体脂肪を減らすのを助けます

◆**昔は、水道からのお水を飲んでいたのに、水を買うという習慣を創った 「ミネラルウォーター」**

【恐怖】 水道水を飲むことが危険である。
【利益】 よい水を飲むことで健康や美容にもよい効果が期待できる

◆日本で売れているマスク

【恐怖】 ウイルス対策・感染や菌からの予防の必要性。病気になるかもという不安
【利益】 マスクをしていることで、細菌やウイルスから自分の身体を守る。すっぴんで歩ける。

　テレビショッピングや通販、CM、広告業界を見渡してみると、売れる商品・売れている商品には、必ず「恐怖」からの動機づけがあり、「利益」でクロージングをしています。「利益」は時間の短縮や、値段の価値、簡単に〇〇になれる、というような、そのお客さま・購買層が欲しいであろう利益を追求し、プロモーションしています。

　美容師さんに必ず持ってほしい、「恐怖」と「利益」の技術は以下のように与えることが有効だと思います。
【恐怖】 私から離れると、こんな風にキレイであり続けられない。
【利益】 私が一番お客さまの髪・ヘアスタイル・頭皮のことを知っているから、私に任せるのが一番安心！

「恐怖」と「利益」のトレーニング

①今、サロンでお客さまに提案したい商品を、パンフレットや勉強会等で学んだことをもとに、**「恐怖」**と**「利益」**にまとめてください。そして、お客さまへのトークの台本を作成してみてください。

②サロン内で、力を入れて提案したいプラスメニューを、お客さまの心に響くよう、**「恐怖」**と**「利益」**の2つのアプローチを考えながら、話し方を改良してみてください。可能なら、サロン内でお客さま役、スタッフ役に分かれてロールプレイングをし、ベストな提案の方法を『型』にして、全員で共有してみてください。

③お客さまにとって、自分という人間・美容師である自分がなくてはならない存在であることを伝えるために、自分を選ばないことによる**「恐怖」**と**「利益」**、自分を買い続けてもらうための**「恐怖」**と**「利益」**を考えてみてください。

※自分の市場価値・自分のアピールポイント・自分の強みをベースに考えてみると、トークの台本はできあがります。

どちらか一方では、足りない！

　お客さまに何かを提案したいと思ったら、その内容の中に必ず**「恐怖」**に基づくアプローチと、**「利益」**に基づくアプローチが入っているかを確認してください。できていない場合は、きちんと原稿（トーク台本）を考えて作成し、ロールプレイングでサロンの現場をイメージしたお客さまとのやり取りを練習していただきたいです。

　コミュニケーションは、「技術」です。

　そのため、この「恐怖」と「利益」の技術もトレーニングをしないと、できるようになりません。

　今まで、自己流でやってきて**「売れない」「お客さまに受け入れてもらえない」「話すのが苦手」**…とあきらめてはいけません。今までの自分は**「知識がなかっただけで」「知識に基づいてトレーニング」**をすれば、**「誰でもできる」**ようになります。

　自分の話し方は、今までずれていなかったか？

　もしくは、**「恐怖だけ」**あるいは**「利益だけ」**を伝えていなかったか？

　片方だけではアプローチが足りないので、お客さまに届かなかったのです。

　「恐怖」と「利益」の両方のアプローチを入れて、お客さまに提案するようにすれば、お客さまの心にあなたの言葉が届くようになります。

カウンセリングスキルをアップさせるトレーニング 7

モノには記憶がある

　私たちは、モノで記憶を想い起こし、モノで過去の経験や体験を思い出します。

　自分の身の回りのモノを見渡してみると「○○さんからもらったお財布」「△△さんと旅行に行ったときに買ったグラス」など、そのモノを見ることで大事な人を思い出したり大切な思い出をふりかえり記憶を呼び起こし再現することがあります。

モノをもらったこと
モノを購入したこと

　そのときの体験が記憶され、モノが記憶を呼び起こすキッカケになるのです。

　同じように、お客さまは美容師さんから購入した商品で、その美容師さんを思い出します。例えばご来店いただいたサロンでの時間が、とても充実した良い時間だったとお客さまは感じました。美容師さんのことをとても信頼し、購入したシャンプーを自宅のお風呂場で見ます。シャンプーを使いながら美容師さんのことを思い出しサ

ロンでの記憶を思い返すわけです。

　そしてシャンプーがなくなったときまたあのサロンへ行こう、と思ってもらえる可能性が非常に高くなります。

　美容師としての**「自分」**をお客さまのご自宅まで連れて帰ってほしいと思う美容師さんは、必ず自分の分身として**「モノ」**というカタチのあるものをお渡しするものです。モノには記憶があるからです。

店販はチップ

　日本には、チップという制度がありません。

　海外へ出かけると、飲食店やホテルなど、至るところでチップを払います。満足のいくサービスだったとき、楽しかったとき、丁寧にもてなしてもらったとき…。

　チップという文化がない日本ですが、美容室の場合、私は**「店販商品」**がお客さまからのチップだと思っています。

　お客さまも、美容師さんから商品を購入すれば、その美容師さんのポイントや売上になることはほとんどの方がご存知です。

　商品の豊富な知識や経験も大事ですが、それと同じくらいに、お客さまが美容師さんに対して**「かわいい！」「応援してあげたい！」「頑張っているなぁ！」**と思ってもらえたら、その気持ちで**「買うわ」**となってしまいやすいのです。チップを渡す心理と同じです。

私はいろいろなサロンで、顧客の1人として施術を受けます。商品の説明をお聴きし、その一生懸命な眼差しや行動に感銘を受けて**「かわいいなぁ…応援したいな」**と思うと、すすめてくれた商品を必ず購入します。

　そして、購入した商品を自宅まで持って帰りお風呂場で新しい商品を並べるとその美容師さんや、その日のサロンでの出来事について思い出します。

　自宅のお風呂場には、いろいろなサロンで購入した商品が所狭しと並んでいますが、どの商品を見てもそのときに携わった美容師さんの顔を思い出します。

　そして、シャンプーやトリートメントがなくなると購入したときの記憶が呼び起こされて、提案してくれた美容師さんを思い出し、会いに行きたくなります。この状態を皆さんに是非作っていただきたいと思います。

店販商品はあなたの分身

①お客さまに自分の**「分身」**(＝モノ・商品)を連れて帰ってもらうつもりで、商品をおすすめしてみてください。

②お客さまに応援してもらえる自分になるために必要なことを考えてみてください。

③今、サロンで一押しの商品をおすすめする際、**「かわいいなぁ！」「頑張ってるな！」**と思ってもらえる自分を演出するために、どうしたらいいか考えてみてください。

※演出方法を1人で考えることが難しい場合は、サロンでお客さま役と美容師役に分かれてロールプレイングをして、「自分の話し方、態度、おすすめの仕方」は、お客さまから応援してもらえるかどうかを確認してもらってください。

④店販商品は**「17人に話して1人が購入するくらいの割合」**と言われています。1日で17人に話して、1人のお客さまから**「買うわ」「いただくわ」**と言ってもらえたら成功なんです！　まずは、話してみることです。

「次も絶対、私にやらせてください！」とお客さまに伝えていますか？

　昔、ある村で**「雨ごいをすると必ず雨が降る」「神様に向かって祈ると必ず雨が降る」**という言い伝えがありました。

　これは、なぜでしょうか？

　神様にお願いしているから**「雨が降る」**と村人は信じていましたが、実は雨が降るまで祈り続けるから毎回雨が降るのです。雨が降らないことを嘆くのではなく、雨が降るまで祈り続けることが大切なのです。

　店販商品やメニューの提案をした際に、1人目のお客さまに断られてしまったり、連続で断られると、心が折れそうになるかもしれません。

　でも、それはあなたのことを否定しているのではなく、美容師であるあなたの提案をたまたま受け入れることができなかっただけです。あなたを否定したわけではないのです。やり続けると、必ず結果が出ます。

　店販商品やメニューの提案は、アシスタントのときから意識して行なっていくと、必ず売れるスタイリストになります。最終的に美容師さんは、自分という商品を購入してもらう、買い続けてもらう必要があるからです。

　私は、美容業界にいる心理カウンセラーとして、美容師さんにお聴きしたいのですが、

「次も絶対、私にやらせてください！」

と、情熱を持ってお客さまに伝えていますか？

次回来店予約や新規客の再来店など数字を気にしているはずなのに、現場では静かで、控えめな、"待ちの姿勢"の美容師さんが多いと思うのです。

自分の心にある**「来てほしい」**という気持ちを、きちんと言葉にして表して伝えてください。**「他の店に行かないで、自分の店に来てほしい！」**と、あふれる思いを持っているなら、ちゃんと伝えることが大切だと思います。

人生では、言って後悔することより言わずに後悔することの方が、記憶に残ってしまいます。あのとき伝えておけば良かったと後悔するのではなく"今伝える"自分の大切なお客さまだからこそ伝えてほしいんです。自分のお客さまに、きちんと、自分の想いを──。

自分をいたわるスキルを アップさせる トレーニング 番外編

疲れた自分を癒す方法

　美容業界の方々を対象に年間100回近くセミナーを開催し美容師さんに関わっていると、セミナーが終わったとき、受講された方が言ってくださるメッセージがあります。
「元気になりました！」
「明日から頑張れそうです！」
　また、セミナーが始まる前には
「先生のセミナーに、パワーをもらいに来ました！」
と言われることが、ここ数年多くなりました。
　そして、セミナー中に、私が講師としていろいろな話をしていると、途中で涙を流される美容師さんも目の当たりにし、心がつぶれそうになります。
　普段のサロンワークや会社の中で、いろいろなプレッシャーやストレスの中、必死の思いで立ち向かっていることがひしひしと伝わってきます。
　そうした美容師さんの様子をセミナー中に見ていると、皆さんの心の中に溜まっているストレスの解消法をお伝えしたいと強く想うようになりました。
　私はカウンセラーとして、相談に訪れるクライエント

さんに対し、カウンセリングルームを訪れる前より、カウンセリングを終えて扉を出るときに、必ず元気になっていてほしい、もしくは自分の背負ってきたものを少しでも降ろして、帰っていただきたいと想っています。
　カウンセラーは、クライエントさんから毎日のように重く、苦しい体験や経験について、お話を聴かせていただきます。
　相談内容の中には、大事な人を亡くした方、自分自身の病気について、大切な人に裏切られたことなど…、重く苦しい話を一生懸命に聴けば聴くほど、聴く側の心は蝕まれていくかもしれません。
　でも、私の心は蝕まれることなく、次のクライエントさんがお越しになっても、気持ちを切り替えて相談に乗ることができる理由があります。
　それは、自分の気持ちを切り替える力や心に溜めない方法、自分の心をリセットする方法をカウンセラーになる前にトレーニングで習得していたからです。
　この技術を、ぜひ美容師さんに知っていただきたいのです。
　なぜなら、お客さまによっては、苦しく、辛いことがあり、その気分転換をしたいとき、気分を変えたいときに美容室を訪れる方も多いと思うのです。
　心の状態がマイナスな人に対して、美容師さんが何の防御もなく向き合ってしまい、話を聴いてしまうと、美容師さんの心が疲れ、弱ってしまいます。

美容師さんが、「**負の気持ち**」をそのまま受け取ってしまい、自分自身が鬱のような状態になったり、自分の気持ちを切り替えられなくなったりすることもあるでしょう。人と関わる仕事である以上、人間関係の問題で心に膿（うみ）が溜まることはあると思うのです。誰にでも溜まることはあるので、その自分の状態とどう向き合い、コントロールするかが大切です。

「気」を変える方法

　心理カウンセラーは、マイナスなものを受けてしまったとき、「**気**」を変えます。

　カウンセリングルームの植木は「**枯れる**」とお伝えしたように、マイナスの気を吸うと、植物が枯れるほどの力を持っています。

　マイナスな気を発したお客さまが退店された後は、できれば、部屋やサロンの空気の入れ替えをしたり、アロマをたいたり、スプレー式のモノでもいいので香りを変えてみたり、自分が新鮮な空気を吸える場所へ行き、大きく深呼吸をすることが効果的です。

　そして、受けてしまったマイナスの気を水で洗い流します。

　日本には「**水に流す**」という言葉があるように、マイナスなことを水で流すことが重要です。

　私はマイナスを受けたカウンセリングの後に、手を洗

う、肘から下の部分を、「ザーッ」と水の音を出しながら、強い水圧で洗います。

　このとき自分が今、わが身に降りかかった**「マイナスの気」**を洗い流しているんだと、視覚・聴覚に理解させながら洗い流すことが大切です。

　うがいもします。時間があれば、歯も磨きます。口の中に入った**「マイナスの気」**も外に排出します。

　重く苦しい話があった後に、すぐに水やコーヒーを飲んでしまうと、身体に**「マイナスな気」**を飲みこんでしまうことになるので、飲み込む前に吐き出したり、水で浄化したり、**「手やのどを清めた」**と自分を納得させてから、飲み物や食べ物を身体の中に入れるようにします。

　カウンセラーである私は、スーツを何着も事務所に置いておいて相談内容が非常に悪い状態のクライエントさんだった場合は着替えます。

　スーツにも**「マイナスの気」**が付いていて、次の人にその気がうつってしまってはいけないからです。また、気持ちを切り替える効果もあります。

　これらは、美容師さんでもサロンでできることばかりだと思います。

　お客さまとのやり取りだけでなく、スタッフから悩みを聴いたときや、自分自身が苦しくなるような話を聴いてしまったとき、同じように自分の身体と心についた**「マイナスの気」**を払うことは、非常に有効な手段で自分を守ることにつながります。

一連の流れ、「**マイナスの気**」を浄化する方法を知っていれば、今、ちゃんと手を洗って、「**マイナスの気を洗い流したら大丈夫！**」と行動によって自分自身を納得させることができるのです。

自分のストレスレベルと対処法を決めよう

　自分が苦しくなってからストレス解消方法を考えても、なかなか思いつきません。

　人は、本当に苦しくなったとき、思考が止まります。思考が止まってから、「**何をしたら、気分が上がるんだっけ？**」と自分に問いかけても疲れている自分はどうしたらいいか、方法が分からなくなります。何も考えられないから、とりあえず身体の疲労感もあるから「**寝よう**」という状態になり、休日に1日中寝てしまい、なんとなく心身ともに疲れが取れないまま、出勤する…というようなことを繰り返していると、疲労は蓄積されていきます。

　身体の疲労だけなら、眠ることで解消されることもあると思いますが、心の疲労は眠るだけではなかなかリセットできず、蓄積されることが多々あります。

　そんなときのために、「**自分を癒すメニュー**」をつくっておくことが有効です。

　自分ストレスの度合いを数値化しレベル①〜レベル⑳まで、自分のストレスのバロメーターで、自分のつくっ

たメニューを順番にやってみるのです。

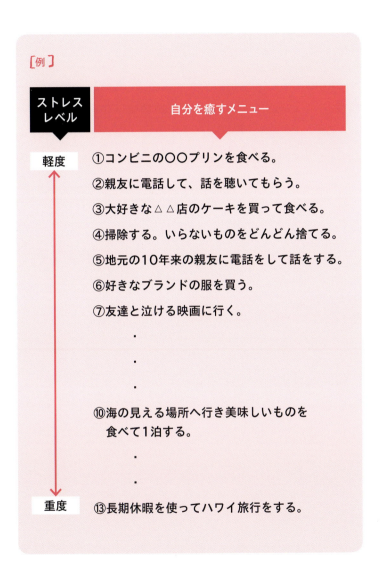

[例]

ストレスレベル	自分を癒すメニュー
軽度	①コンビニの〇〇プリンを食べる。 ②親友に電話して、話を聴いてもらう。 ③大好きな△△店のケーキを買って食べる。 ④掃除する。いらないものをどんどん捨てる。 ⑤地元の10年来の親友に電話をして話をする。 ⑥好きなブランドの服を買う。 ⑦友達と泣ける映画に行く。 ・ ・ ・ ⑩海の見える場所へ行き美味しいものを食べて1泊する。 ・ ・
重度	⑬長期休暇を使ってハワイ旅行をする。

より具体的に書いておくことがオススメです。
1人でできることからすぐに書き始めてみましょう。

つくったメニューは、スマートフォンのカメラで撮って保存したり手帳に書いたり自宅の常に見える場所に貼るなどしておきます。そして自分がストレスを受けたと感じたら、レベル①からやってみます。
　「①をやっても元気が出ない」と思ったら②③④…と癒すメニューのレベルを上げていきます。
　もしくは、自分でストレスレベルを判断し「今日はレベル⑦くらいだな」と思ったら⑦から実行します。
　自分のストレスのレベルを知ることと、そのレベルに合わせた対処法を用意し実行できるということは、自分の人生をよりよく生きる上で、非常に重要なスキルです。

自分へのご褒美を！

　生きていればストレスを受けることは当たり前で、ストレスは、自己が成長するときに必要なエネルギーでもあります。
　ストレスと上手に付き合っていかなくては、いつもよいコンディション、最高のパフォーマンスが出せる自分の心の状態になれません。苦しいことがあった後、自分の状態を引きずったまま、お客さまやスタッフに接してしまうと、いつも通りの印象を与えられず、「今日は疲れてるね？」「元気ないね？」といった印象を与えてしまいます。それは、人を相手にする仕事である美容師（プロ）としては、望ましい姿ではないと思います。

今、受けたストレスを浄化させる。

　浄化しても心に溜まり、残っている膿(うみ)を出す方法は、事前に自分でつくったメニューを使い、今日受けたストレスをなるべく早く解消することです。

　「**自分は大丈夫**」と過信せず、自分の状態を丁寧に観てあげること、自分を大切にすることが重要です。

　自分を癒すメニューの軽度のレベルでは、「**〇〇を食べる**」や「**いつもより高いお酒を飲む**」というように、1人でできることや、少しのお金でできることから書き始めるとすぐ実行できます。

　実行したら「**今日の自分は〇〇の問題に対して、すごく頑張った。だから△△店の焼き肉を食べているんだ！**」というように、ただ食事を摂るのではなく、頑張っている自分へのご褒美なんだ、と強く思いながら身体に取り入れたほうが、自分を癒すエネルギーが上がります。

　これは、自分で自分を誉める「**承認すること**」にもつながります。

　こんなに頑張っている自分へのご褒美なんだと、自分の心をプラスで満たしてあげてください。自分で自分を満たせない人は、人のサポートもできません。自分自身が強くありたいと思うなら、自分の弱さを知り、自分の弱さを出さないための方法論を必ず身につけるべきです。それができたら、心と身体は満たされ、いつも最高のクオリティで仕事に取り組めるはずです。

美容師の皆さんのメンタルケアを
業界向上の手がかりに

**美容師さんが当たり前だと思っている心の状態を
心理的にひも解いていく。
心理カウンセラーがカウンセリング技術として
使う方法を伝授することで、
自分が、当たり前だと思い込んでいる価値観を
違う方向から見ると
新しい価値観の創造につながります！**

　私自身が心理カウンセラーとして、美容師さんと日々向かい合っていて思うことは、10年前、15年前よりも格段に美容師さん自身が忙しくなっています。
　私が美容師さんと関わるようになり、お声がけをいただく理由も、美容師さん自身のメンタルヘルス、自己のコントロールが重要になってきたからだと思っています。
　美容業界に深く関わるまで、私の美容業界のイメージは、明るく、キレイで、キラキラしている業界だと思っていました。
　しかし実際は、深刻化する人材不足、売上を上げ、チームでのパフォーマンスを上げる、新しい技術トレーニング、後輩の育成、1人あたりの生産性を上げる、店販利益を上げる、次回予約を取る、低価格化の競争、他業界からの進出…数え上げたらキリがないほどの問題と日々立ち向かいながら、自己の鍛錬とサロンでの膨大な業務も行なっています。
　そんな美容師さんに対して、いつからか講師として、一人のカウンセラーとして、私と出逢う美容師さんに「元気になってほしい」そして時間を共有し、関わったことで充電していただき、翌日からのサロンワークや会社でのエネルギーに変えてほしいと強

く思うようになりました。
　ここからは、美容師さんが抱えるさまざまな問題に対して心理学を通し、カウンセラーとしてお伝えしたいメッセージを美容師さんに知っていただくことで、美容師としての自分だけにとどまらず、本来の自分自身も楽にしてもらえるような心理をお伝えしたいと思います。

ストレスは成長のエネルギー
『戦う？ or 逃げる？』

　現代社会において、ストレスとは、悪いモノ、ストレスはない方がいいと考えられることが多々あります。ストレスはないほうがいい、サロンでも、ストレスのない人間関係を求めたり、ストレスのない職場環境を…と思う気持ちはよく分かります。
　でも、実は、ストレスとは私たちが生きていく上で大切なエネルギーです。「ストレス＝悪いモノ」ではなく、「ストレス＝生きる力」。ストレスは自己の成長のために必要なものなのです。
　ストレスを感じない環境が欲しいと思い動くことが、新しい価値を見つけ出すのです。
　例えば「暑い！」というストレスから逃れたいから、人間はエアコンを発明しました。人はストレスがあるからこそ、より快適にしようと思い文明や科学が発展していったのです。
　ストレスは、私たちが生きていく上でなくてはならない心の働きで、ストレスがあるからこそ、改善しようと考えたり努力したり、話し合ったりするのです。ストレスは、成長するためのエネ

ルギー、原動力です。繰り返しますが、本来ストレスは悪いものではないのです。
　例えば、職場でストレスがあるとします。
　そのストレスの原因を考え、改善するから、よい職場になるのです。
　ストレスは、私たちに考えるキッカケや、立ち止まる環境を与えてくれます。
　そのストレスとの付き合い方、向き合い方を中途半端にするから、自分がストレスに負けて、ひどい場合は心が壊れてしまいそうになります。
　中途半端は、何も生みません。
　ストレスを成長ととらえて、ストレスとの「付き合い方」を「最初に決める必要」があります。

　心理学では、ストレスとの向き合い方は2つしかありません。**「戦う」**か**「逃げる」**か、です。

　誰もがイメージしやすい子どもの例でお話しします。

　自分の子どもが学校でひどいいじめに遭い、登校できなくなりました。
　本人にとって、このいじめはストレスです。
　このストレスとの付き合い方を決める際に「戦う」と決めるなら、学校と共にいじめの原因を追求し、どうしていじめられているのか、子どもがなぜ学校に行けなくなっているのか？
　親として、子どもと共に闘い、このいじめという経験があった

からこそ、強くなったという人生の体験をし、子どもの成長につなげることができます。
　子どもの人生の中でのいじめという壁の乗り越え方を親として教えるという目的を持って関わるなら、「戦う」という選択は正しいでしょう。

　一方、「逃げる」と決めるなら、転校です。
　「逃げる」という言葉は、日本語としてネガティブにとらえられるかもしれませんが、「逃げること」は大事な選択肢です。この「逃げる」ができないから、人は苦しみます。
　子どもは、今の環境では、たまたま心を許せる友達がいなくて、いじめられたかもしれない。
　子どもにとって、今の学校の中の「世界」がすべてのように思うかもしれないけれど、日本にはたくさんの小学校があり、たくさんの子どもがいます。
　1つの環境で我慢するのではなく、ストレスから「逃げる」という選択があるのです。
　一旦、離れる——その問題から「距離を置いてみる」という選択肢があることを、身をもって教えることは大事な教育のチャンスです。

　親にとって子どもが毎日笑顔で、幸せに生きることが目的のはずです。
　なぜ、子どもの自己肯定感が下がる環境にいつまでも身を置かなくてはならないのでしょうか？
　自分の子どもが悪いのではなく、たまたま自分の子どもに合う

環境ではなかったと考えるなら、「逃げる」という選択は非常に大切です。日本は広いし、世界はもっと広いです。

　支える親や周りの大人の価値観や固定概念を捨て、その子ども自身をしっかりと見てあげるためにも、最初の一歩、その問題との向き合い方のスタートを決めることが重要なのです。

　それが「戦う」か、「逃げる」かを決めるということです。

　では、例え話をサロンに置き換えて考えてみます。
　ヘッドスパのテストに合格しないスタッフがいたとします。
　そのスタッフは、練習ではできているのにテストになると緊張して、自分の力が発揮できません。
　「戦う」なら徹底的にヘッドスパの練習に付き合い取り組み方を教育指導します。
　「逃げる」なら一旦ヘッドスパの練習から離れ次の教育カリキュラムへ進みます。

　ここで絶対にしていけないのは、テストを甘くして、合格させてしまうことです。これを一度でもしたらそのサロンの文化、習慣、風土になってしまいます。
　本人も、できていない自分を知っているので採点を甘くして合格させてもらったことはプライドが傷つきますし、コンプレックスにもなります。
　ヘッドスパに対する苦手意識がつくことは、これから歩むプロの道に対して、ネガティブな記憶になります。

「逃げる」という選択は、一旦、このヘッドスパのテスト合格への道から離れることです。

　私たちは、ストレスとの向き合い方を、戦うという方法論で向かっていきがちです。
　それも間違ってはいないのですが、逃げるという選択肢があり、その選択も正しいことを知っておいてほしいのです。
　「逃げる選択肢」は、なかなか発想が難しいかもしれないので、もう一つの例を挙げておきます。

　例えば、陸上の走り幅跳びの選手がいて、跳ぶときの足のタイミングが合わず何度走り込んでも足が合わなかったとします。
　こんなとき、何度もやればやるほど、スランプになり悪い踏み込みがクセになります。そこから抜け出せなくなり、ひどい場合は選手としての自信も失うでしょう。

　こうしたスランプになったとき、あえて他の練習をしてその踏み込みのタイミングから離れ、他の練習、基礎体力の強化などを行ない、身体からスランプの記憶をやわらげて、再度挑戦する──これが「逃げる」「一旦、離れる」という選択です。

　美容師さんも同じです。
　目的は、テストに受かることではなく、美容師を続けることです。
　子どもも同じです。
　目的は、集団行動の中で豊かな心を養い、自己を肯定する気持ちを持って大人になることです。

185

美容業界は、強い者だけが生き残ってきた世界だと私は思います。
　今、勝ち残っているトップスタイリストや素晴らしい先輩たちは、ヘッドスパのテストなんて何の問題もなく受かってきたかもしれません。そのような人に、できない人の気持ちが分かるでしょうか？

　今の美容業界において、強い者だけが残れる業界にしてしまっては、人材不足と言われる中で貴重な人材を育てきれず、失ってしまいます。これでは、美容業界の発展はありません。

　話を戻します。
　「逃げること」は、立ち向かう準備ができるまでの選択でもあります。

　ストレスは、今の自分が壁を乗り越えて成長するために必要な、与えられた試練です。その試練に向かっていくことは、もちろん大切です。
　あなたの目の前に起こる出来事は、すべてあなたに必要だから必然的に起こっています。ストレスが、そのあなたの成長するエネルギーなのは間違いないのです。

　けれども、もし立ち向かうエネルギーが不足していたら、息切れを起こすでしょう。苦しくなって、心が弱っていくでしょう。
　その状態をつくることは、毎日お客さまをお迎えする美容師さんやサロンにとってマイナスです。
　人間は、もともとポジティブになんてつくられていません。どれ

だけ自分をコントロールして、ポジティブに持っていくか——自己コントロール能力が試されるのです。

　人間は生まれた瞬間から、死に向かっています。
　人間は生まれた瞬間、この世に誕生した瞬間、泣きながら生まれてきます。ネガティブですよね。

　守られて快適だったお母さんのお腹から不快な世界に飛び出してきます。人間はもともとネガティブにつくられているのです。

　だから、私たちは、ポジティブになろうとするエネルギーが必要なのです。前向きな人なんていない。生まれつきモチベーションの高い人なんていない。

　自分で「ポジティブで行く」と決めるんです。
　自分にストレスがあったら、「戦う」って決めるんです。
　自分にストレスと闘うエネルギーが今はないと思ったら、「逃げる」と決めるんです。

　私たちには、選択できる力がある。
　選択しないから、誰かのせいにしてしまい環境のせいにしてしまい本当に大事なことから逃げてしまうんです。
　美容師という素晴らしい世界を選んだことから逃げないために「この問題からは逃げる」という選択は全く間違っていないのです。その代わり、「美容師は続ける」という選択をしてほしいと心から想います。

忘れることは大事な能力

　美容師さんは日々のサロンワークの中で、たくさんの大事なことを「忘れてはいけない、忘れてはいけない」と頑張っています。

　しかし、私たちの記憶力は、
20分後には42%を忘却し、
1時間後には56%を忘却し、
1日後には74%を忘却し、
1週間後（7日後）には77%を忘却し、
1ヶ月後（30日後）には79%を忘却するのです。
出典　[エビングハウスの忘却曲線：人間の記憶機能と復習の有効性]

　だから、「復習が大切だ」と、エビングハウスの忘却曲線の解説をすることが多いのですが、もちろん、その通りです。
　忘れることを知っていたら大事なことを自分の記憶に、どのようにとどめるか？を考えるべきです。
　メモを取ったり、勉強してきたことをアウトプットしたり、映像で保存したり…忘れるということを前提に、思い出せるように記憶化することが大切なのです。
　しかし、忘れることはネガティブなことだけではないのです。忘れるというのは、人間に与えられた最大の能力であると心理学では考えられています。
　私たちが「昨日の恥ずかしかったこと」「先週のつらかったこと」「昨年の悲しかったこと」をすべて覚えていたとしたら、多くの

人が自ら命を絶っているかもしれません。
　忘れること、風化することは実は大切な能力で、今、苦しい、辛いと思っていることも時間が経過すると、必ず過去になり忘れることができるように私たちはプログラミングされています。
　大事なこと、忘れたくないことは記憶にとどまるように、自分の記憶力を過信するのではなく脳に覚えさせようと負荷をかけるのではなく、ツールや経験を使って、ここに記録したから大丈夫。忘れても大丈夫——と自分を安心させてあげながら自分のマイナスな過去は早く忘れられるようにトレーニングすることが大切だと思います。

「怒(いか)り」の感情は立ち直るエネルギー

　どんなに穏やかな人でも、怒りの感情が出ることがあります。
　怒ってはいけない、感情的になってはいけない。
　そんな風に思いながら、自分を押し殺し、感情のコントロールに努力している方も多いと思います。でも、実は、「怒(いか)り」とは立ち直るエネルギーで悪いものではなく私たちが生きていく上で大事な心の状態です。

　例えば、あなたが車を運転しているとします。あなたの前に、車が急に割り込んできました。あなたは、思わず急ブレーキを踏みました。

このとき、あなたは車内でどんな言葉を使いますか？

(パターン1)
「バカヤロー危ないなぁ！　ぶつかるかと思った！」

⇒この怒りの感情を車の中で表現することによって心が立ち直るから（無謀な運転によって、自分の命の危険を感じたことから立ち直ることができたので）、その後、瞬時に心を切り替えて運転を再開できます。怒りによって立ち直ったからです。

(パターン2)
「あ—怖かった…こんなにひどい運転する人がいるなんて、もう運転するのが怖いなぁ」

⇒怒りの感情が出ず、自分の恐怖心が強過ぎると、立ち直ることはできず、この無謀な運転をする割り込みの車に遭遇したことをキッカケに運転が怖くなりペーパードライバーになります。

　このパターン1を読んでいただいて分かるように、自分の大事なものや、守っているものの領域に他者が思いもよらぬ形で入ってきたときに人は「怒り」という感情になって表れるわけです。

　怒りは、大事なものに対する感情です。喜怒哀楽を表現できる人は、魅力的です。心が弱っていると、怒りの感情すら出ません。だから、立ち直るエネルギーが下がるのです。
　怒りの感情が出た自分は「何から立ち直ろうとしているのか？」

「何を大事に想っているのか？」
　自己分析をしてみると、怒りの感情が立ち直るエネルギーであることがご理解いただけると思います。

事実と感情を分ける

　目の前で起こる問題を、必ず事実と感情に分けてみましょう。

例

> Aさんが「同じ職場のBさんから嫌われている」という相談。

Aさんに、なぜそんなことを思ったのか、と聞いてみると

> ①ある朝Bさんがスタッフルームに入ってきたときに、Aさんは「おはようございます」とあいさつしたのに、Bさんに無視された。
> ②サロンワーク中に、Bさんが他のスタッフCさんと、私のことを何度も見ながら、ひそひそ話をしていた。きっと悪口を言われていると思う。
> ③Bさんが、休日に旅行に行ったお土産のお菓子を私だけもらえなかった。

この相談を事実と感情に分けるために図1のように整理します。

図1

```
    事実                        感情
①あいさつした      ──────→  ムシされた
②BさんとCさんが話していた ──→ 悪口を言われていた
③おみやげもらっていない ───→ 私だけもらえなかった
```

①は、Aさんのあいさつが聞こえなかったのかも
②は、Aさんのことを話していたかはわからない
③は、他のスタッフでも食べていない人はいるかも

　「嫌われている」というのはAさんの思い込みかもしれません。「嫌われているかもしれない」というのはAさんの「感情」です。
　この事実と感情をわけて考えることができると、頭と心は整理されます。

　スタッフから相談があったときや、自分が何か悩んでいるとき、1枚の紙を用意して半分に折り、起こった問題について順番に、片側に**「事実」**をもう一方に**「感情」**を書き出してみます。

　そうすると、意外と「事実」が少ないことに気づき、感情は自分の思い込みやただの価値観であることがリアルに分かることと思います。

192

3000回やるとプロ 10000回やると無意識にできるようになる

　近年、スタンフォード大学の研究で、「どんなことでも1万時間繰り返すと人は必ず習得できる」という研究発表がありました。才能ではなく積み重ねの驚異です。

　私もカウンセリングの勉強をしているときに、教授から「**カウンセリングを3000回やるまでは、プロではない。3000回やり続けて、初めてプロになる。そして1万回行なえば"無意識領域"に入り、感じる力が研ぎ澄まされる**」と教えられました。

　私は現在、カウンセリングの回数は、1万回を超えました。

　ですから、新規のクライエントさんがカウンセリングルームを訪れた際に、無意識に感じる力が強くなり、その人の心のありようが手に取るように分かる瞬間があります。

　セミナー講師や講演は3000回を超えましたので、プロではありますが、1万回には、かなりの数を行なわないと届きません。

　セミナー講師は「無意識の領域」には達していないので、私自身1回のセミナーの準備に、20枚から30枚の原稿を書き、かなりの準備をします。

いつの日か講演回数が、1万回を超えたら、今のような準備をしなくてもフラットな状態から、ふわーっと登場して、受講生の皆さんの空気を感じながら、求められていることをその場で察し、講演できるときが来るかもしれません。
　でも、私にとってその領域はまだ未知の世界です。

美容師の皆さんにとっては、
「シャンプーを3000回やりましたか？」
「カットを3000回やりましたか？」

　3000回やり続けたらプロになります。
　まだ3000回に到達していない方は、自分のそばにいる先輩の過去を聴いてみてください。先輩たちは、繰り返しトレーニングを積み3000回を超えているからプロなのだと言い切れるのです。
　才能ではなく、繰り返し積み重ねていくことで、どれくらいの力を習得することができるのか──美容師という素晴らしい仕事をやり続けてほしいと思います。
　1つのことを3000回やる。それがプロの領域です。
　そして1万回やれば、無意識にできるのです。無意識領域まで共にやり続けましょう！！

おわりに

『もう、"人"で悩まない！』を手に取りこの本に出逢ってくださりありがとうございます。

　私は、心理カウンセラーとしてカウンセリングルームでクライエントさんと向かい合っているときにいつも心に想っていることがあります。
　このカウンセリングルームにお越しくださったときよりもお帰りになる際に「楽になっていてほしい」「背負ってきたものを降ろして少しでも軽くなって帰ってほしい」「元気になっていてほしい」
　ということです。
　この願いは私の根底にある、心理カウンセラーとして大事にしている気持ちです。
　そして、セミナー講師として受講される方々に出逢う際にもセミナーを受ける前よりも活力を得て、元気を充電し、翌日からのお仕事に活かしてほしいと思い、セミナーでは皆さんにたくさんのエネルギーを送りたいといつも心から想っています。

　この『もう、"人"で悩まない！』を読み終えたとき、読んでくださったあなたの心が少し軽くなっていたり、元気になっていたら著者として心理カウンセラーとして、とても幸せに思います。本のご感想等もぜひぜひお聴かせください。頂戴したお声を今後の講師活動や執筆活動に必ずエッセンスとして取り入れさせていただきたいと思います。
　本との出会いは「人との出逢いに似ている」といつも思っています。
　星の数ほどある本の中で、たくさんの人が生きるこの現代社会の中で、この本と私に出逢ってくださってありがとうございました。
　またお会いできますことを心より願うとともに、ご縁をくださったことに感謝いたします。

　冒頭にも書きましたが2007年夏、病床にいた私は早く元気になって必ず美容業界に戻りたいと思いました。
　そして、病床の私に戻る場所があると思えたこと、戻れる場所をつくっておいてくださったことは、心の支えになりました。支えと共に、こんなに深い愛情と想いにあふれる方が美容業界には、たくさんいらっしゃることに感動しました。

この体験があり、次は私が、支えてくださった美容業界の方々に必ず恩返しをすると決め歩んでまいりました。このときの私を支えてくださった方々は、今も変わらず、心の支えになってくださっています。
　2007年の私は、この本を執筆できるとは夢にも思っていなかったですし、あのときの体験がなければ、今の自分は存在していないと思っています。
　この本は、今日まで美容師さん、美容室経営者の皆様と共に歩み、共に学び、そして伝え続けてきた私の想いです。
　心の底から大好きな美容師さんのお役に立ちたい、大切な美容師さんが悩み、苦しんだりすることに、心理カウンセラーである私が美容師さんの心のケアをし、素晴らしい美容という仕事を続けてほしいと心から願い、日々、セミナーやカウンセリングを通して、向き合ってまいりました。

「美容には力がある」
　セミナー中に、私が美容師さんに伝え続けているメッセージです。
　それは、私が身をもって感じた「美容の力」「美容師さんの力」です。
　そして今まで「支えていただいた想い」「恩」をセミナー、カウンセリング、執筆などを通してお伝えすることで、この美容業界へ恩返しをしたいと思っています。

「美容には力がある」
　この力を美容師さんと一緒に信じながら、私自身の信条でもある
〜どんな道を選ぶかではなく、選んだ道でどれだけやるか〜
　を根底に、美容業界の皆様と共に、今後も歩んでいきたいと思っています。

　これまで、たくさんのことを教えてくださった美容師の皆様、支えてくださった皆様、本当に尊敬と感謝の気持ちでいっぱいです。
　そして、本書の出版にあたっては、株式会社女性モード社の皆様には並々ならぬご尽力を賜りました。ありがとうございました。
　最後に、本書の出版にあたりご協力いただいたすべての皆様に心から感謝申し上げます。

心理カウンセラー　奥園 清香

【参考文献・書籍】

『カウンセリングの技法』(國分康孝著、誠心書房刊)

『カウンセリングの原理』(國分康孝著、誠心書房刊)

『カウンセリングの理論』(國分康孝著、誠心書房刊)

『エンカウンター　心とこころのふれあい』(國分康孝著、誠心書房刊)

『自己発見の心理学』(國分康孝著、講談社刊)

『論理療法に学ぶ アルバートエリスとともに 非論理の思い込みに挑戦しよう』(國分康孝著、川島書店刊)

『無意識の構造』(河合隼雄著、中央公論新社刊)

『ユング心理学入門　心理療法コレクション』(河合隼雄著、岩波書店刊)

『コンプレックス』(河合隼雄著、岩波書店刊)

『河合隼雄のカウンセリング入門』(河合隼雄著、創元社刊)

『河合隼雄のカウンセリング講座』(河合隼雄著、創元社刊)

『こころの最終講義』(河合隼雄著、新潮社刊)

『人の心はどこまでわかるか』(河合隼雄著、講談社刊)

『魂にメスはいらない』(河合隼雄著、講談社刊)

『イメージの心理学』(河合隼雄著、青土社刊)

『人間の深層にひそむもの』(河合隼雄著、大和書房刊)

『臨床心理学』(竹中哲夫著、みらい刊)

『自己形成過程の子どもたち』(竹中哲夫著、ミネルヴァ書房刊)

『社長の心得』(小宮一慶著、ディスカバー・トゥエンティワン刊)

『No1 理論』(西田文朗著、現代書林刊)

『No2 理論』(西田文朗著、現代書林刊)

『なぜ、あなたの仕事は終わらないのか　スピードは最強の武器である』(中島聡著、文響社刊)

『思えば叶う　かけがえのない人生のために』（山野正義著、IN通信社刊）

『スタンフォードの自分を変える教室』
（ケリー・マクゴニガル著、神崎朗子訳、大和書房刊）

『WILL POWER　意志力の科学』
（ロイ・バイマイスター、ジョン・ティアニー著、渡会圭子訳、インターシフト出版刊）

『潜在意識が答えを知っている』
（マクスウェル・マルツ著、田中孝顕訳、きこ書房刊）

『生き方』（稲盛和夫著、サンマーク出版刊）

『働き方』（稲盛和夫著、三笠書房刊）

『考え方』（稲盛和夫著、大和書房刊）

『アメーバ経営』（稲盛和夫著、日本経済新聞出版社刊）

『心を高める　経営を伸ばす』（稲盛和夫著、PHP研究所刊）

『従業員をやる気にさせる7つのカギ』（稲盛和夫著、日本経済新聞出版社刊）

『道をひらく』（松下幸之助著、PHP研究所刊）

『リーダーになる人に知っておいてほしいこと』（松下幸之助著、PHP研究所刊）

『素直な心になるために』（松下幸之助著、PHP研究所刊）

『遺伝子経営』（野口吉昭著、日本経済新聞社刊）

『部下が育つ魔法の言葉』（国吉 拡著、PHP研究所刊）

『セルフコーチングが身につく　成功のルール』（吉武永賀著、いあじにあ刊）

著者紹介

心理カウンセラー。ドゥカウンセリングセンター主宰。
一般社団法人 サロンカウンセラー協会 代表理事。
教育・福祉関連に対しての講演・研修講師、心理カウンセラーから、2008年より美容業界（美容室、美容関連企業、美容団体）へのセミナー、講演活動を精力的に行ない始める。
お客さまやスタッフとのコミュニケーションを中心とした心理学をベースに応用するワークショップ形式のセミナーは、コミュニケーション技術を上げることに特化した内容を提供。心理学の知識を詰め込むのではなく、ワークショップを通して受講者が体感し、実践することから、サロンワークですぐに活かすことができる、と好評を博している。受講生はリピーターも多く、「モチベーションが上がる」「元気がもらえる」との声が数多く寄せられている。2008年からの10年間での美容業界でのセミナー講演回数約700回、延べ受講者数は約2万2千人に及ぶ。

ドゥカウンセリングセンター　ホームページ
http://docounseling.com/

一般社団法人　サロンカウンセラー協会　ホームページ
https://s-counselor.com/

もう、"人"で悩まない！

2017年10月24日　初版発行
2018年10月20日　第2刷発行
定価　本体1600円＋税

著　者　奥園清香
発行人　寺口昇孝
発行所　株式会社女性モード社

[本社]
〒161-0033
東京都新宿区下落合3-15-27
TEL. 03-3953-0111
FAX. 03-3953-0218

[大阪支社]
〒541-0043
大阪府大阪市中央区高麗橋1-5-14-603
TEL. 06-6222-5129
FAX. 06-6222-5357

デザイン・装丁　株式会社ジェイヴイコミュニケーションズ
イラスト　ふるや ますみ
印刷・製本　三共グラフィック株式会社

©BROAD KIKAKU-SHA Co., LTD. 2017
Published by JOSEI MODE SHA CO.,LTD.
Printed in Japan　禁無断転載